サッカーボールひとつで社会を変える

スポーツを通じた社会開発の現場から

岡田 千あき 著
Chiaki Okada

HANDAI Livre
049
大阪大学出版会

はじめに

一九九三年、日本プロサッカーリーグ（Jリーグ）が開幕した。それから二〇年、日本のサッカーは素晴らしい発展を遂げてきた。日本代表の競技力の向上はもちろん、世界の国々から評価されているのは、Jリーグの総合的な組織運営とその中で働く関係者の緻密な仕事そのものである。四七歳になった現在もJリーグ横浜FCで現役を続ける三浦知良選手は、Jリーグ二〇周年を記念した番組企画の中で、「Jリーグはいまやすごく充実した、整理された、オーガナイズされた素晴らしいリーグだと思いますし、この二〇年でここまでできたっていうのは、日本人の能力の高さだと思う」と語っている。私自身もある国のサッカー関係者から、日本サッカーの世界での躍進は競技力だけではない、サッカー界全体の努力の結果である、同じアジア人として誇らしいといわれたことがある。

私は、大学でスポーツ科学を専攻し、卒業後すぐに国際協力機構の青年海外協力隊員としてアフリカのジンバブエに渡った。中高一貫校の体育教員として二年二か月働いたが、ここでのさまざまな経験を通じて進路を再考した。憧れていたはずのスポーツ関係の仕事に就くことを目指さず、勉強し直していずれは国際協力の現場で働きたいと考えるようになったのである。当時、スポーツで国際協力をしようとは露程も思っておらず、最初からそのような分野は存在しない、国際協力に携わるためには、スポーツを忘れて一から勉強し直さなければならないと考えていた。これまで私自身も「開発途上国でなぜスポーツなのですか」や「スポーツより先にやらなければならない援助があるのでは」という質問を幾度となく受けてきた。これはかつて、自分自身が持っていた問いそのものであり、好きなスポーツを通じて国際協力に携わることなどできないと思っていた。

しかし、調査で訪れたボスニア・ヘルツェゴビナで思わぬ話を聞くこととなる。一九九二年から始まったボスニア内戦中の首都サラエボでは、一般市民を巻き込んだ市街地戦が長期間にわたって続いていた。サラエボといえば、一九八四年には冬季オリンピック大会が開かれた旧ユーゴスラビアの大都市である。しかし、九〇年代前半は市内各所で激しい銃撃戦が行われていたため、一般市民は家の中にこもって過ごすことを余儀なくされ、数週間、数か月の間、一度も外の空気を吸わないことがまれではなかったという。多くの家庭では、男性が食品や日用品の買物に出かけて戦況に関する情報を得ていたが、彼らが集まる小さな市場が狙い撃ちされることもあり、一般市民を巻き込んだ混沌とした戦闘状態が三年以上も続いた。この間、ボスニアの子どもたちは、外出を制限され、屋外で満足に身体を動かすことすらできず、ふさぎ込んだりイライラしたりすることが多くなり、家庭内で暴れるようになっていったという。学校が閉鎖されているために兄弟以外の同世代と関わる機会がなく、長期間、太陽の光を浴びないことも問題行動の一因ではないかと推測された。そして、多くの家庭で同じ行動が見られるようになり、どんどんエスカレートしていったために、親たちはそれを“Another War（もう一つの戦争）”と呼ぶようになった。問題が深刻になっていく中で親たちは、いままさに戦闘態勢にある軍隊に話をして、軍に周囲の警備をしてもらいながら、子どもたちが集まってサッカーができる場所を確保するなど、その対策に追われた。

内戦前のボスニアは旧ユーゴスラビアの一部であった。ユーゴスラビアは、古くからのサッカーファンの方はご存じのように、ワールドカップで上位に食い込み、日本でも「ピクシー」と呼ばれて活躍したドラガン・ストイコヴィッチ氏や、監督として名をはせたイヴィチャ・オシム氏などを輩出した強豪国であった。とくにオシム氏はサラエボの出身であり、そのことからもこの地が世界でも有数のサッカー隆盛の地であったことが分かる。しかしそれでも、内戦の最中でサッカーが行われていたことを聞いた時はとても驚いた。また一方で、「三人以上の人が集まって話すと銃で撃たれる」、「情報交換のために決めた場所にメモ書きを隠す」といわれていた当時のボスニアで、サッカーの試合が標的にされなかったことにも、安堵と違和感の両方を覚えた。そして何よりも、命の危険と隣り合わせで行われる「サッカー」というスポーツに、人々のプライドや生き様を示すかのような大きな存在感と、日常生活に溶け込んできた長い歴史を感じたのである。

私はボスニアでの話を聞き、ある場所では戦争中でも行われている、この「サッカー」や「スポーツ」の持つ力について考え直さざるを得なかった。折しもこの頃、国連を中心に「スポーツを通じた開発」の分野が動き始めたこともあり、「スポーツで国際協力はできない」という当初の考えは徐々に覆されていった。さらに、その後の国際協力の現場や関係者との出会いによって、「スポーツ」と「国際協力」の両方の研究を志していくことを決意した。スポーツが開発途上国の役に立つのか、国の発展のどの段階でスポーツが有効なのか、これらは研究を行う上での命題であるが、いつになっても答えは出ないのかもしれない。しかし、例えば「このプロジェクトの目的や意義はどこにあるのか」、「なぜこの状況下でスポーツをするのか」といった開発途上国で生まれた個別の問いに対する答えはいつも現場にあったように思う。開発途上国で行われている活動の実施者や裨益者、関係者に話を聞くと、机上で研究をしているだけでは決して分からない地域の実情や、課題に合わせた「スポーツを通じた開発」の形が見えてきたのである。

本書は、主に開発途上国で行われている「サッカーで社会を変える」試みの事例を取り上げている。各事例は、国、社会、コミュニティ、個人といった異なる単位を対象にさまざまな目的を持って行われており、中には、私たちには想像もつかないような工夫がなされていたり、予想外の成果を生み出している活動もある。その現場は開発途上国であっても、「サッカーで社会を変える」という視点と活動の質という点で、先進国も学ぶべきことが多い珠玉のものばかりである。おそらく、これらの活動が始められる前提として、各国の現場で関係者たちが議論を重ね、最善策として採用されたのが「サッカー」というスポーツだったからであろう。さらにいえば、参加者や資金を集める段階において、ドナーや裨益者に対して「なぜサッカーなのか」ということが実際に説明されていたため、活動が説得力を持った内容となっているのだと考えられる。

各章では、私がサッカーの力を強く感じたいくつかの活動について、関係者への敬意を込めて、できるだけ細かく正確に記述し、活動が行われた国の背景や人々の生活も写真とともに紹介していく。本書を通して、多くの読者に「サッカーで社会を変える」活動を行う人々の息吹と生命力、そしてサッカーの力を感じ取っていただければ望外の喜びである。

目次

第１章
人びとを魅了するスポーツ「サッカー」の力

1. いま話題のスポーツの力

東京オリンピック招致と"Sport for Tomorrow"

二〇一三年九月八日、二〇二〇年の夏季オリンピックが東京で開催されることが決まった。招致は東京都によって行われたが、二〇二〇年に向かって日本のスポーツ界全体が転換期に入る重要な起点となるであろう。筆者自身は、これまで研究のテーマとしてきた「スポーツを通じた開発」が遅ればせながら一分野として認知され、「国」が本腰を入れてこの分野を推進していくスタートラインに立ったと感じている。

その日は突然やってきた。安倍首相は、二〇二〇年オリンピック招致の最終プレゼンテーションの中で「我々が実施しようとしている『スポーツ・フォー・トゥモロー』という新しいプランのもと、日本の若者は、もっとたくさん、世界へ出て行くからです。学校をつくる手助けをするでしょう。スポーツの道具を提供するでしょう。体育のカリキュラムを、生み出すお手伝いをすることでしょう。やがて、オリンピックの聖火が二〇二〇年に東京へやってくるころまでには、彼らはスポーツの悦びを、一〇〇を超す国々で、一、〇〇〇万人以上の人々へ、直接届けているはずなのです」（首相官邸訳、一部筆者修正、二〇一三）と"Sport for Tomorrow: SFT"構想を打ち出した。ＳＦＴとは、①スポーツ・アカデミー形成支援事業、②戦略的二国間スポーツ国際貢献事業、③国際アンチ・ドーピング強化支援事業の三本柱からなる計画である。突然とはいうものの、これまでのわが国のスポーツに関わる国際的な貢献をベースにしたものであり、絵空事であるという批判をかわす戦略を持ち合わせていた。

国際社会では、遡ること一〇数年の二〇〇一年に国連事務総長の特別顧問として「開発と平和のためのスポーツ担当特任」のポストと「開発のためのスポーツ」に関するタスクフォースが設けられた。それまでスポーツ界を支配していた「スポーツを世界に広める」あるいは「スポーツ界をよくする」という目標に加えて、「平和や開発を実現する手段としてスポーツを活用する」という目標が登場し、関連する国連決議の採択、ワーキンググループの活動、政策提言などが相次いで行われた。二〇〇〇年代前半にはこの分野の関係者の数はそれほど多くなく、国際会議やセミナーが開催されても顔見知りばかりが集まることが多かった。しかし、初期のユネスコ、スイスの政府系開発シンクタンク、スポーツと開発ＮＧＯの先駆けである"Right to Play"などの関係者の努力が実を結び、二〇〇八年には「国連開発と平和のためのスポーツ事務局（UN Office on Sport for Development and Peace: UNOSDP）」が設置され、国連を中心にこの分野の活動を取りまとめていく体制が整った。

ＵＮＯＳＤＰの設置の過程で開催されたある会議でのやり取りが印象に残っている。国際卓球連盟の代表者が、国際サッカー連盟（Fédération Internationale de Football Association: FIFA）の担当者のプレゼンテーションの質疑応答の時間に、ＦＩＦＡに対して連携の申し出を行った。ＦＩＦＡの担当者はこの申し出に対して、「サッカーファミリーだけでもすでに数億人、サッカーに関する活動をするだけで精いっぱいであるため連携はできない」という内容の回答をした。確かにＦＩＦＡは、このやり取りの時点ですでに"FIFA Academy"をはじめとした戦略的な開発協力を展開していた。ＦＩＦＡの担当者の明確な「ノー」の返答に会場は一瞬、凍りついたように感じたが、この答えに納得すると同時に、良くも悪くもサッカー（界）の強さを感じたのは筆者だけではなかっただろう。

国際社会ではすでに、スポーツを通じて開発や平和を実現するという概念と具体的な取り組みが広がりつつある。ＳＦＴを打ち出したわが国における「スポーツを通じた開発」の推進は、二〇二〇年に向けた責務であると同時に、真のスポーツ成熟国家となるための試金石でもある。二〇二〇年の前後に行われるＳＦＴの活動と成果には、私たち日本人が考えるよりも遥かに高い期待が寄せられるであろうし、この期待に応えることによって日本のスポーツ界自体もさらなる発展に向けての新しい視座を得られるであろう。

「開発」と「スポーツ」の関係

「開発」と「スポーツ」の関係は、ここ数年で劇的に変化した。図1－1を見てほしい。上段に位置する「スポーツの開発」とは、スポーツ振興やスポーツ界の発展を考えたものであり、現在においてもとくに注釈がない限り、一般的に捉えられる「スポーツと開発」とはこのことを意味している。現在行われているスポーツ科学の研究、例えば、ボールを遠くに飛ばす技術、最高のパフォーマンスを引き出す集中の仕方、総合型地域スポーツクラブに関する研究などは、この「スポーツの開発」に含まれる。中段は一九七〇年代の環境問題に焦点が当たった頃に注目された「スポーツと開発」であり、「スポーツ」と「開発」という単語の並びに従属性がない概念である。スポーツが発展する過程において、社会に及ぼす正負の両面での影響を示したものであり、とくに自然破壊などのスポーツに関係する負のインパクトを考慮しながらどのようにスポーツを振興するかを議論するものであった。加えて、一九九〇年代に入り、第三の概念である「スポーツを通じた開発」（下段）が登場する。本書で取り上げる「国際協力」、「開発」、「社会貢献」は全てこの部分に位置し、スポーツを何らかの形で「用いる」ことによって、個人、社会、国の変化を促し、地球規模の課題の解決を目指すものである。言い換えると、スポーツの持つ力を見直し、力を動員することによってさまざまな分野の発展に貢献するという考

スポーツの開発 (Development of Sport)
・**スポーツの振興**
・**スポーツ界の発展**

スポーツと開発 (Development and Sport)
・**スポーツが個人・社会・国に及ぼす影響**
・**スポーツに関わる世界の発展**

スポーツを通じた開発 (Development through Sport)
・**スポーツによる個人・社会・国の変化**
・**スポーツによる様々な分野の発展**

図１－１　スポーツと開発
（出典：岡田千あき（2010）「国際協力の新しい分野」）

え方であり、他の手段には見られないスポーツの開発学的価値を見出すことにも大きな関心が置かれている。

見直そうスポーツの価値

この本を手に取る人の多くは、スポーツ、サッカーが好きな方々だろうか。筆者の周りにも愛好者は多いが、スポーツにまつわるさまざまな話をする中で、近年の日本のスポーツ界には暗い話題が多かったと感じている。企業スポーツが衰退し、学校部活動が縮小傾向にあり、総合型地域スポーツクラブも期待されたほどの役割は担えていない。一体、日本のスポーツはどこに向かっていくのだろう、誰が競技力向上やスポーツ・フォー・オール（みんなのスポーツ）を担うのだろうと一

○数年間、同じ議論が繰り返されているように感じるのである。

しかし、それでも日本のスポーツは総合力で優れている。極東と呼ばれるアジアの端に位置し、多くのスポーツで競うには決して有利な体格をしているとはいえない日本人がメダルを取る。そう簡単にはいかないはずだ。これは筆者が、日本の外から日本を見た時に感じたことであり、他国の人々と話す中でも不思議な出来事として話題に上るほどである。以下は筆者の考えであるが、世界、とくに開発途上国と呼ばれる国々との最大の違いの一つは、日本国内のどんな農村部や遠隔地に行っても、整った施設があり、優れた指導者がいることであろう。もちろん、競技や地域による差があり、これらは年々拡大しているが、施設や指導者、組織や運営といった選手を支えるシステムが、Jリーグやプロ野球などのプロのレベルから子どものスポーツに至るまで国内に隈なく整備されている。もちろん、問題点も多い。例えば、教育の中でのスポーツ、生涯スポーツ、スポーツ・フォー・オール、エリートスポーツなどの棲み分けは曖昧であり、皆が明確な定義をしてこなかった。そのために、例えば学校の部活動で「勝利」を目標に厳しい練習を続けたにも関わらず、卒業後にはそのスポーツに全く関わらなくなるということが起こったり、逆に選手として第一線で競技生活を送った者が、引退後に「シニア」の枠組みで競技を続けようと思っても、そこは「勝利」を志向する場ではなかったりするのである。しかし、さまざまな問題の全てをまとめてカバーしてきたのは、スポーツ関係者や競技者の努力の賜物であり、その総合力は高く評価されるべきではないだろうか。

スポーツは、子どもの健全な成長と心身の健康維持を助け、社会参加の機会となるなどの理由から、全ての人々が享受すべき「権利」の一つと考えられてきた。共通のルールの下で行われるスポーツの場への参加は、例え一時的であっても、それぞれが持つ家庭や学校、職場などにおける「事情」を忘れさせてくれる。とくに階層間の溝がより深いといわれている開発途上国の社会においては貴重な社会参加の機会となることも多い。またスポーツがつくるコミュニティへの参加は、新たな人間関係やネットワーク作りに役立ち、防災、防犯、危機管理などに求められる「地域の力」をあらかじめ作り出すことにつながる。世界には、相互依存をもとに成り立っていた旧来型のコミュニティが崩壊している地域も多く、場に参加することによって緩やかな人間関係を再構築することは、スポーツが担う重要な役割の一つであろう。

国や地域のレベルでは、ブラジルのサッカー、キューバの野球というように国際社会における国の知名度を上げる手段となったり、国や地域の文化的独自性を示すこともある。ＦＩＦＡワールドカップやオリンピック大会が、世界を経済至上主義へと向かわせた遠因との指摘もあるが、スポーツが共通のルールや枠組みを持って行われることにより、世界における「わが国」を相対化、客観化して捉えることを可能にすることも事実である。

2. 世界が期待するスポーツの貢献

地球規模の課題とは

世界には「地球規模の課題（Global Issues）」と呼ばれるさまざまな課題が山積している。地球規模の課題とは、国や地域をこえて広範囲に影響を及ぼす可能性のある課題であり、単一の国や地域での解決が困難であることも特徴の一つである。貧困の拡大、自然環境の破壊、感染症の蔓延に代表されるこれらの課題は、開発途上国から発生して世界各国へ拡がることが多く、一つの問題が新たな問題を引き起こしたり、また、国内外からの複数の要因によって問題の本質が見えにくくなったりすることも多い。

一例を挙げてみよう。ボスニア・ヘルツェゴビナ（以降、ボスニア）では、一九九〇年代に旧ユーゴスラビアの分離崩壊に伴う独立戦争が勃発した。一九九二年に始まり、血で血を洗う民族間の対立が約三年半続いたが、国連やＮＡＴＯ軍などの国際社会の大規模な介入もあって一九九五年一一月に和平合意が成立した。この間、ボスニア国内では、首都サラエボを中心に複数の都市で継続的な戦闘が行われており、経済活動を始め、教育、医療、福祉といった社会機能がほぼ停止していた。死者二〇万人、難民・国内避難民二〇〇万人超の犠牲を出して内戦は終結し、国際社会の協力を得て復興が進められたが、民族間の軋轢は中々解消されず、二〇一〇年代に入った現在でも不安定な要素を残している。

筆者が調査を行った二〇〇〇年頃、ボスニアの開発が進みつつある街で不思議な光景を目にした。その頃、二〇歳前後であった働き盛りの若者が、平日の日中にぶらつく姿が頻繁にみられたのである。聞けば、内戦当時に初等教育後期から中等教育にかかる年齢にあった子どもたちが、一定年齢に達しても就職することができず、暇を持て余して仲間と過ごしているのだという。理由は極めてシンプルである。彼らは、仕事をするのに必要とされる基本的な知識や社会的スキルを身に付けていない可能性を持っているからである。三年半の内戦とその前後の社会の混乱の中で、教育が提供されていない空白期間が生じており、それであれば数年待って、次の世代を採用しようというのが多くの企業の考え方であった。

当時のボスニアでは、待望の平和が訪れたにもかかわらず、二〇歳前後の時間とエネルギーを持て余す若者が、本人たちにはどうすることもできない理由で集うことによって、治安の悪化や犯罪の増加、麻薬の蔓延といった新たな社会課題が生まれていた。復興が進みつつある中で、国内外のＮＧＯが、青年の就業、就学対策に乗り出したのもこの頃であった。社会不安に端を発する問題は、国内に留まることなく他国や周辺地域にも影響を及ぼす。人、物、情報、お金などが、これまでにない速度で動く現代の社会では、一見すると地域の固有のものである問題が急速に伝播し、予期せぬ影響を及ぼすことも多い。ボスニアは、二〇〇八年にEUとの間に「安定化・連合協定（SAA）」を締結し、EUの加盟候補国となったが、EUの要求する条件を満たすことができず、二〇一三年現在、未だ加盟は実現していない。ちなみに隣国クロアチアは、二〇一三年七月にEUの二八か国目の加盟国となった。

あの頃、二〇歳前後であった若者たちは、今はどうしているのだろうか。ボスニアは、国民の期待通りにEUに加盟することができるであろうか。私たちは、遠い世界で起こった出来事を「関係がないこと」として距離を置きがちである。しかし、他国で起こった出来事や地球規模の課題を身近なものとして捉えることは、普段の生活において、また、未来の世界を考えるという意味でも必要なことであろう。

スポーツの豊かな可能性

地球規模の課題の解決にスポーツが動員される事例が、二〇〇〇年代に入って急増している。ボスニアでは、就職も就学もしていない青年を集め、就業に必要な社会的スキルを身に付けさせたり、職業訓練を受けさせたりする事業が行われており、青年の関心を引き、参加を促す「導

1．教育
初・中等教育における心身のバランスのとれた発育や、青少年を取りまく課題の解決にスポーツが広く活用されている。

2．健康
心身の健康の維持のみならず、人々が健康に対する興味・関心を持つきっかけとして期待されている。

3．公衆衛生
医療費の削減や衛生環境の改善など公衆衛生問題への包括的アプローチを可能にする。

4．HIV／エイズ
HIV／エイズの予防教育、感染経路や症状に関する正しい知識の習得、エイズ発症者に対する偏見や差別の解消などがスポーツの場を活用して行われている。

5．環境
スポーツを通じて環境問題や生物多様性に関する啓発が行われている。特に、近年注目を集める「スポーツツーリズム」や自然資源の保護など開発分野との関係は深い。

6．経済開発
スポーツ用品の生産、インフラ整備、イベントの開催などスポーツ関連産業の発展が新たな雇用を生み、地域経済を活発化させることが期待されている。

7．紛争解決
紛争中・紛争後に被害を受けた人々が、スポーツという構造化された場に参加することにより、緊張や暴力、トラウマといった問題の緩和が期待されている。

8．民主化教育
民主主義の基盤となる他者への尊敬、寛容、公平などの考え方をスポーツから学び、紛争の解決法をともに見つけるための訓練の場となっている。

9．難民・国内避難民
スポーツを通じて難民・国内避難民へのケアを行うとともに、特に難民キャンプの多民族、多宗教、多言語の環境下における融和を目的とした活動が行われている。

10．平和構築
対立関係にある民族が互いを知る第一歩としてスポーツを通じた交流に期待が高まっている。

11．ジェンダー
性別による差別や搾取、ハラスメントや暴力に対する問題意識の形成や課題解決を目指したスポーツ関連活動が行われている。

図1－2　スポーツを通じた開発の分野例
（出典：岡田千あき（2010）「スポーツができること」、『JICA's World』2010年4月号）

入」の役割を持ったサッカー大会やバスケットボール大会が開催されていた。図1−2を見てほしい。複数の開発分野において、またさまざまな課題へのアプローチのためにスポーツが用いられており、その分野や方法は、年々多様化している。

　ここで整理した分野の例をみると、なかなか解決の道筋が見えづらい開発援助の対象も多い。スポーツに高い期待が寄せられていることが推測できる一方で、例えば、紛争解決や民主化教育など、スポーツを通じて行ったところで果たして成果が上がるだろうかと疑問を抱かざるを得ないものもある。もちろん、他の方法を持ってしても解決が困難な課題であり、地域ごと、時代ごとに個別の対応を模索しなければならない。模索の過程を経て、一方法として「スポーツ」が採用されるのであれば、私たちが考えもつかなかったスポーツやサッカーの新たな価値を見出すことにつながるかもしれない。

スポーツの「ミレニアム開発目標」への貢献

二〇〇〇年に行われたサミットを受け、世界はミレニアム開発目標（Millennium Development Goals: MDGs）の達成に向けて動き出した。MDGsは、「平和と安全、開発と貧困、環境、人権とグッドガバナンス（よい統治）、アフリカの特別なニーズなどを課題として掲げ（中略）一九九〇年代に開催された主要な国際会議やサミットで採択された国際開発目標を統合し、一つの共通の枠組み」（外務省、二〇〇五）としてまとめられたものであり、八つの目標の二〇一五年までの達成を定めている。八つの目標とは、①極度の貧困と飢餓の撲滅、②初等教育の完全普及の達成、③ジェンダー平等の推進と女性の地位向上、④幼児死亡率の削減、⑤妊産婦の健康の改善、⑥HIV／エイズ、マラリア、その他の疾病の蔓延防止、⑦環境の持続可能性の確保、⑧開発のためのグローバルパートナーシップの推進であり、一見するとスポーツとの関係が薄いようにみえるものもあるが、国連は各々の目標に対するスポーツによる貢献の可能性を

1 極度の貧困と飢餓の撲滅

・参加者、ボランティア、コーチらが仕事を得るために使えるようなライフスキルを身に付ける
・最も困難な状況に置かれた人々が、スポーツに根差した奉仕プログラムを通じて地域のサービスや支援とつながる
・スポーツプログラムとスポーツ用品の製造が、就労と技術向上の機会となる
・スポーツは疾病予防に役立つため、個人や地域がヘルスケアにかける労力とコストを軽減することができる
・スポーツは偏見を減らし、自尊心を高め、自信と社会的スキルを身につけ、仕事を得るための能力を高めることに寄与する

2 初等教育の完全普及の達成

・学校スポーツプログラムは、子どもたちが学校に入学し、出席することを促進し、学習の達成効果を上げることに寄与する
・スポーツに根差したコミュニティ教育プログラムは、学校に行くことができない子どもたちに選択可能な教育の機会を提供する
・スポーツは障がいを持つ子供たちが学校に行くことを阻む偏見の低減に役立つ

3 ジェンダー平等の推進と女性の地位向上

・スポーツは女性の心身の健康を改善し、社会との関わりと友好関係を得る機会を提供することに役立つ
・スポーツへの参加は、自尊心や自信を高め、自らの身体をコントロールする感覚を高めることにつながる
・女子や女性が、リーダーシップを身に付け、経験をする機会を得ることができる
・スポーツは女性に対する社会的な規範をポジティブなものに転換し、女子や女性が自分自身の生活をより安全な形へとコントロールすることを可能にする
・障がいを持つ女子や女性が、スポーツに関わる機会を通じて、健康に関する情報や技術、社会におけるネットワークやリーダーシップを取る経験をすることでエンパワーされる

4 乳幼児死亡率の削減

・スポーツを活用して若い母親に健康に関する教育や情報を提供することで、より健全な子ども達を育てることに寄与する
・身体の状態の改善は、様々な疾病に対する子どもたちの抵抗力を高めることにつながる
・スポーツは、リスクの高い思春期の妊娠の確率を下げることに寄与する
・スポーツに根差したワクチン接種や予防キャンペーンは、はしかやマラリア、ポリオによる子どもの死亡や障がいを持つことを低減する効果を持つ
・インクルーシブスポーツのプログラムは、障がいを持つ子供たちがよりよく受け入れられる環境を整備し、親が子どもを殺害する可能性を低減する

5 妊産婦の健康の改善

・健康のためのスポーツプログラムは、女子や女性にリプロダクティブヘルスの情報やサービスへのアクセスの機会を提供する
・フィットネスレベルの向上は、出産後の速やかな回復の助けになる

6 HIV/エイズ、マラリア、その他の疾病の蔓延防止

・スポーツプログラムは、HIV陽性者やエイズ患者に対する偏見を低減し、社会的、経済的統合を進めることに役立てられる
・スポーツプログラムは、HIVへの感染の危険性が低い「健康に関する習慣」を身につけることに寄与する
・HIV予防啓発とエンパワメントを目的としたプログラムは、新たなHIV感染の比率を下げることを可能にする
・スポーツは、はしか、ポリオなどのワクチンの接種率を上げることに寄与する
・一流スポーツ選手を巻き込むことと、大規模スポーツイベントを活用することは、マラリア、結核などの啓発・予防キャンペーンの範囲とインパクトの拡大を可能にする

7 環境の持続可能性の確保

・スポーツに根差した公教育キャンペーンは、環境保護の重要性と持続可能性に対する認識向上に役立つ
・スポーツに根差した社会の流動化のためのイニシアティブは、地域の環境改善のためのコミュニティ活動への参加を促進する

8 開発のためのグローバルなパートナーシップの推進

・開発と平和のためのスポーツの取り組みは、世界中の各国政府、ドナー、NGO、スポーツ関連団体のグローバルなパートナーシップとネットワーク関係の構築のための触媒となる

図1－3　MDGsへのスポーツの貢献
（出典：United Nations資料を筆者訳の上、再構成）

示している（図1－3）。

ＭＤＧｓという具体的な開発目標が示されたことにより、それまで現場において「何となく開発効果がありそうだ」と考えられていたスポーツ分野でも、各々の目標に対する貢献の可能性が議論されるようになった。そのための枠組みとして、ワーキンググループ会合や国際会議が開催され、ＵＮＯＳＤＰはこれらの国際社会の連続的な活動の結果として設置されたものである。

3．サッカーによる貢献

サッカーを通じた開発

このように二〇〇〇年代に入って活発化した「スポーツを通じた開発」であるが、開発の文脈で「スポーツ」を論じる時に、少なくともその五割から六割は、「サッカー」のことを指しているのではないかというのが、筆者の漠然とした印象である。参考までに、「スポーツを通じた開発」に関する国際的な情報を集めたサイトである“International Platform for Sport and Development”(http://www.sportanddev.org/)を見てみると、二〇一三年一二月現在、登録されている団体の数は五二四団体あるが、このうち二八二団体がサッカーに関わるものであり、紹介されているプロジェクトの数は二〇〇件あるが、このうち一一三件がサッカーに関わる活動である。もちろん、この数は「登録されたもの」を対象としており、活動は行われているが登録されていないもの、あるいは登録はされていても実際の活動は行われていないものが含まれている可能性がある。いずれにしても「サッカー」に関わる活動が非常に多いことは分かっていただけるだろう。

中田英寿氏はなぜ旅人だったのか

サッカーと開発のつながりを考える時、筆者は常に一つの疑問にあたる。それは、日本代表としても活躍した中田英寿氏について、「彼はなぜ旅人だったのだろうか」ということである。「サッカーを通じた開発」を一つの分野として捉えると、中田氏は専門家であり、実践者としては第一人者ともいえる。しかし、日本では、この分野は長い間、存在しないものとされてきており、中田氏の協力活動は社会的な価値や意義を持つものとして明確には位置づけられてこなかった。しかし、中田氏のような国際的な舞台で活躍した後に、開発途上にある多くの国や地域に足を運び、自分の目で地球規模の課題を見た人物は他にはいない。サッカーを通じて人々とコミュニケーションを取り、希望や勇気を与えてきた活動は「サッカーを通じた開発」の先駆的な例として示唆に富んだものではないだろうか。

中田氏の世界各国への訪問が、自分探しの旅に出ているような表現で個人的な活動として紹介されたことに歯がゆさを感じている。「スポーツを通じた開発」を一分野として認知させることができていない私たち関係者の努力不足でもあるが、一方でスポーツやサッカーが持つ「イメージ」に起因するさまざまな障害があるようにも感じている。紛争や貧困、人権侵害や環境問題といった深刻な課題が山積する国際社会において、スポーツやサッカーが「ぜいたく品」と捉えられたり、他の分野と比較した際に援助の優先順位が下がる傾向にあることは否めない。スポーツやサッカーが、遊び、気晴らし、娯楽の一つと捉えられるならば、国際協力や開発の目的としては、「不真面目」、「軽い」といった印象を与えるかもしれない。しかし、別の見方をすれば、地球規模の課題に直面する人々や開発途上国の人々には、娯楽は必要ないのだろうかという新たな疑問が生まれる。

スポーツを「非日常の機会」と捉え直してみよう。スポーツ、サッカーが、さまざまな開発課題を解決するという楽観的な断言をすることはできないが、解決に向けた当事者たちの取り組みを促す「きっかけ」や「媒体」になることは可能であろう。近年、開発分野で強く求められている人々の「エンパワメント」を引き出す手段としてのスポーツやサッカーは、他の開発分野が持たない「開発課題への独自のアプローチ」を可能にする特性を持ち合わせているのである。

サッカーを通じた開発の諸課題

「スポーツを通じた開発」、「サッカーを通じた開発」が、日本国内において今以上の広がりをみせるための条件について考えてみたい。近年の日本では、ボランティアや社会貢献に対する人々の興味や関心が拡大している。しかし、移民や旧植民地などの課題が、日常生活に密着した課題と同じような重みを持つ欧米諸国と比べると、日本における「国際協力」や「開発」は、少し距離のあるものになってしまう。ボランティアや社会貢献に対する意識が高まっているとはいえ、それは未だ「日本国内での活動」という条件がつくことが多い。国際協力に対するハードルが低くなったとはいえないことからも、「スポーツを通じた開発」、「サッカーを通じた開発」は、やはりその必要性を認識しづらい分野の一つと言わざるを得ないであろう。

スポーツ界においても、競技力向上や生涯スポーツの推進、障がい者スポーツの環境整備など国内における課題が山積みである。二〇二〇年東京オリンピックに向けて、これらの課題の改善が模索されていくが、このことは、すなわち「手段としてのスポーツ」を考える前に「目的としてのスポーツ」に関わる課題が優先されるのではないかという懸念を持つ。今の日本では、残念ながらスポーツやサッカーを通じた開発を考えるベースとなる環境は整っていない。しかし、この事実を逆説的にみると、スポーツやサッカーを通じた開発を推進することによって、開発途上国の課題から日本国内の課題を、あるいは他の開発課題からスポーツ界が抱えるさまざまな課題を見直すことができるかもしれない。「スポーツを通じた開発」、「サッカーを通じた開発」を行う中で、スポーツとは何か、サッカーに何ができるのかを多くの関係者や愛好者が問い直すことで、スポーツやサッカーと私たち人間との関わりを再考することも可能であろう。

中田氏の活動は、プロスポーツ選手の引退後のキャリアとして、社会的影響力や知名度を最大限に活かせる貢献の形である。中田氏の先進的でありながら、地道で丁寧な活動を旅人としてしか認識できていない現在の日本において、「スポーツを通じた開発」、「サッカーを通じた開発」に関する情報や概念を広めることは、二〇二〇年に世界中からスポーツ愛好者を集める我が国においては重要ではないだろうか。

本書を支える理論――ソーシャル・エコロジカル・モデル――

図1－4は、心理学、経済学、保健学などの分野で広く活用されている「ソーシャル・エコロジカル・モデル」である。このモデルでは、人の考えや行動に影響を及ぼす要因を①個人内（Intra-Personal）、②対人間（Inter-Personal）、③組織（Organizational）、④コミュニティ（Community）、⑤社会（Society）、⑥物質的環境（Physical Environment）の六つの要因に分類している。

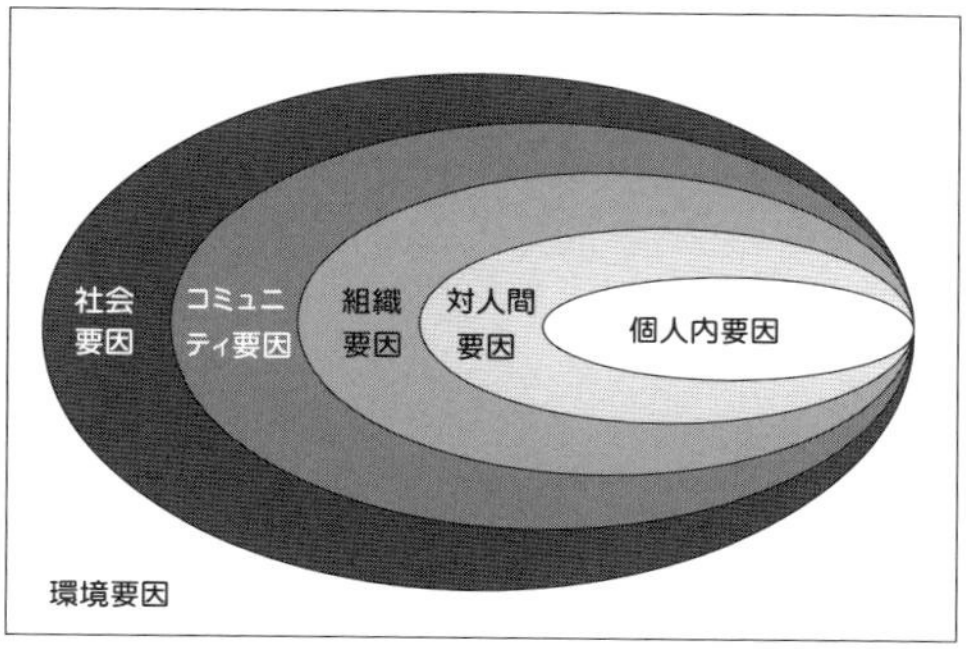

図1－4　ソーシャル・エコロジカル・モデル
（出典：岡田千あき（2011）
「途上国開発においてスポーツが果たす役割」）

本書では、この六つの分類に沿う形で事例を紹介していく。まず、第2章では、ホームレスワールドカップの事例について、大会に参加した野武士ジャパンの選手の変化を中心に考察してみたい。これは、図1－4の「個人内要因」と「対人間要因」にあたる。第3章では、カンボジアの企業で行われているサッカーリーグの事例について、急激に変化する社会との関わりを中心に論じていく。これは、図1－4の「組織要因」を中心に「コミュニティ要因」にも踏み込んだものである。第4章では、ジンバブエのHIV陽性の女性たちのサッカーについて、女性たちの変化と地域に与えた影響を論じる。「コミュニティ要因」が中心であるが、活動の目的として社会全体の変革を掲げていることから、「社会要因」にも関わる内容である。第5章では、Jリーグのアジア戦略とマレーシアの青年育成に関わるサッカー活動を述べるが、モデルの中では、「社会要因」にあたる。最後に第6章において、それまでの事例の検証とは視点を変えて、全ての事例に関わる「環境要因」について、とくにインフラ整備に焦点を当てて検証してみたい。

本書を読み進めるにあたって

本書では、「サッカーを通じた開発」の複数の事例を紹介する。スポーツやサッカーが、開発手段として有効かもしれない、という期待を抱いて読み進めていただきたいが、「サッカーによって経済的に豊かになりました」、あるいは、「○○国と××国との間に平和が訪れました」というはっきりとした成果を示せるわけではないことを事前にお断りしておきたい。筆者は、巷でよく言われるような、スポーツが民族、宗教、国境などをこえるというのは言い過ぎであると感じている。スポーツやサッカーが、時には国境を際立たせ、国と国の間、民族間の対立を生むことは、これまでの歴史からも明らかである。さまざまなレベルにおけるスポーツの価値は枚挙にいとまがないが、どれも机上の空論という批判を受けがちである。しかし、これらの危険性をも理解した上で、サッカーの利点や特性を最大限に活用して社会課題の解決に当たるのは、関係者が会議室で顔を突き合わせて議論をし続けるよりは、夢のある話ではないだろうか。

スポーツ、サッカーを通じた開発の現場では、華々しい成功だけではなく、目を覆いたくなるような失敗も見られ、スポーツやサッカーを通じた開発の難しさと「成果が見られるまでには時間がかかる」という事実を認識せざるを得ない。そういう意味では、本書で取り上げる事例も未だ道半ばの活動ということになるが、ここでは関係者たちがサッカーの力を信じ、今も日々、試行錯誤を続けている。これらの事例から学ぶことは、読者によって異なると思われるが、皆さんに改めて、スポーツ、とくにサッカーの持つ力と豊かな世界を感じてもらえることを願っている。

第2章
ゆるやかな人間関係をつくる

1. ホームレスワールドカップ・パリ大会二〇一一

大会開幕

強い日差しとは対照的なひんやりとした風が吹く中、ホームレスワールドカップ二〇一一年大会がパリで開幕した。世界各国からホームレス状態にある人のみが参加するこのフットサル大会は、日本ではあまり知られていない、いわば「もう一つのワールドカップ」である。第九回を迎えるパリ大会には、男子四八か国、女子一六か国から約六〇〇名が選手として参加していた。加えて、各国のコーチをはじめとしたスタッフやボランティアなど、約五〇〇名の参加もあり、二〇〇三年の大会開催以降、最大の規模となった。

八月二一日から二八日の約一週間にわたって行われた大会は、二一日朝のパレードから始まった。このパレードでは、各国選手団が国名を示すプラカードを持ってパリの街を練り歩く。日本代表団は、おそろいのハッピを着てはちまきをし、他チームの選手や街行く人たちににこやかに手を振っており、まるでファンの声援に応えるスター選手のようであった。パレードの後は、パリ市内の森の中にあり、「王子様たちの公園」というおしゃれな名前を持つ“Parc des

写真2－1　開会式のパレード
（提供：ビッグイシュー基金）

Princes（パルク・デ・プランス）〟での開会式に参加した。スタジアムに集まった選手やボランティア、観客の声に日本代表の「野武士ジャパン」の選手たちも興奮を隠せない。当時のフランス代表のエマニュエル・プティ選手のウエルカムスピーチに、会場の盛り上がりは最高潮を迎えた。

日本では、二〇一一年三月一一日に東日本大震災が起こった。野武士ジャパンは、約一年前から参加登録、選手選考、渡航手続きなどの出場の準備をしていたが、大会の五か月前に起こった大震災の後、選手の派遣に多額の寄付が必要であるという性質上、また、期待していた寄付が集まらないことも予想され、参加の見送りが検討された。しかし、ホームレスワールドカップ大会本部は、日本に参加を要請するとともに、日本チームのための支援の呼びかけを行った。さらに国際交流基金の助成が決定するなど、国内外のさまざまな努力が実を結び、一時は危ぶまれた参加が実現した。パリ大会には、キャプテンのMさん（四九歳、石川県出身）、副キャプテンのOさん（三九歳、京都府出身）、Iさん（四六歳、東京都出身）、Tさん（二二歳、宮城県出身）、Nさん（三三歳、大阪府出身）、T.Kさん（四一歳、愛知県出身）、Kさん（三九歳、広島県出身）の七名の選手、四名のコーチ、インターンを含めた三名のスタッフの他、フリーライター、カメラマン、研究者など複数名が、仕事兼ボランティア兼ファンとして参加した。

開会式翌日の二二日から、早速、予選リーグが始まった。野武士ジャパンは八名の予定であったが、選手選考後にいなくなってしまった選手もおり、再選考を経て七名の派遣となった。選手たちはパリ入り前に、普段は別々に練習をしている東京チームと大阪チームでの合同合宿を行い、急激に技術レベルを上げていた。過去二度の大会で一勝もできていない野武士ジャパンであったが、チームの平均年齢が下がったことや、各選手の技術が上がったことから、悲願の一勝は夢ではないように思われた。

大会会場は、エッフェル塔を望む絶好の場所に設けられていた。三か所のピッチが用意され、大会会場に入るための二か所のゲートは終日開放されていたことから、市民や観光客も自由に出入りすることができた。隣には芝生が敷き詰められた広場があり、多くの人々はこの芝生に

JAPAN
5
4
NIKE
BETTER
WORLD

写真２－２　試合会場の様子

のんびりと腰を下ろし、エッフェル塔を見上げて休憩する。隣で行っているホームレスワールドカップは大々的には宣伝されてはいなかったが、このような立地条件も相まって、かなりの数の観光客やパリ市民が観戦に訪れていた。

初戦は強豪？アルゼンチン

グループDに入った日本の初戦の相手はアルゼンチンであった。試合前の野武士ジャパンの選手は慣れない雰囲気に緊張しながらも、「みんなマラドーナに見える」と笑い合う余裕を見せていた。ここで「みんなメッシに見える」といわないところから、野武士ジャパンの平均年齢の高さがうかがえる。

ホームレスワールドカップでは、全チームが予選で敗退せず決勝トーナメントに進出し、大会最終日まで試合を戦う。まず、五、六チームからなるグループで一次予選を戦い、上位と下位に分ける。続いて、全てのグループの上位チームと下位チームを再度、五、六チームのグループに分けて二次予選を行う。最後に、二次予選の順位に従って上位から、①Homeless World Cup、②Host Cup、③Dignitary Cup、④Community Cup、⑤City Cup、⑥INSP Trophy（女子はWomen's CupとWomen's Plate Cup）とカテゴリーを作り、各カテゴリー内でトーナメントを行って最終順位が決定される。順位は決定されるが、各カテゴリーの一位は全て優勝チームであり、最終順位は参考のために発表されるだけである。

野武士ジャパンの初戦、アルゼンチン戦が始まった。野武士ジャパンの選手は、皆一様に表情が硬く、身体が思うように動かない。まず声だけでも出そうとベンチから指示が飛ぶが耳に入らないようだ。開始早々たちどころに失点を重ね、あっという間に試合は終わってしまった。結果は〇対一二。前後半合わせて一四分という試合時間は予想以上に短く、ほとんど見せ場を作ることはできなかった。しかし、負けはしたものの、過去の野武士ジャパンの選手が言っていたような「全く次元が違う」、「大人と子供ほどの技術の差」というほどでは無いのではという印象を受けた。残念な試合ではあったが、選手もスタッフも翌日以降の試合の勝利への希望を見出していた。

翌日は二試合、まずはギリシャ戦である。ギリシャは、パリ大会の前から経済危機に見舞われており、若年ホームレスが急増している国であった。若者の失業率が五割をこえるといわれており、選手たちは確かに若い。ホームレスにはとても見えず、フットサルの技術はそれほど高くないが、はつらつとプレイしていた。ギリシャチームは終始スピードを生かした攻撃を展開し、大量得点後もその手を緩めない。結果は一対一八。初戦に続く大敗で、試合後の野武士ジャパンの中には早くも諦めのムードが漂い始めた。

HOMELESS WORLD CUP
CNDS
Le sport pour tous

写真 2－3　日本VSフィンランド

その後、長いミーティングを行い、技術や体力面でのハンデをこれから埋めるは難しいということを認識した上で、チームとしてボールをつなぎ、粘り強くプレイすることが確認された。続くリトアニア戦で身をもって実践したのが、ゴールキーパーでキャプテンのMさんであった。いくつものファインプレイを決め、大きく手をまわしながら選手たちを鼓舞していた。このMさんの姿を見ていたのは、一番そばにいた主審である。Mさんは、この試合で主審が「一日に一人、印象に残るプレイをした選手に贈る」と決めて個人的に準備していた“Sprit of Sport Award”のバッジを受け取った。しかし、結果はまたしても二対九の惨敗。勝つことが全てではないが、個々の選手には落胆と疲れが蓄積していく。

野武士ジャパンは、残りの一次リーグのコスタリカ戦を〇対一八、ウクライナ戦を一対二〇と全敗して二次リーグに進んだ。二次リーグはグループHに入り、一次リーグよりも実力が拮抗していることが予想されたため、とにかく一勝を目指して戦おうと心を新たにしていた。しかし、初戦のフィンランド戦は一対一〇で敗戦。この試合で、Mさんが相手の強力なシュートを防いだ際に腕を痛め、翌日、病院で骨折が判明した。実は、野武士ジャパンには、前回のミラノ大会の際にも腕を骨折した選手がおり、その時と同様に、Mさんも今大会の残りの試合への出場は絶望的となった。

遠い勝利

Mさんが離脱し、六名となった野武士ジャパンであったが、次戦は楽しみにしていた韓国戦であった。韓国チームとは試合の合間に交流をしており、仕事を失うことが、ホームレス状態に結びつきやすいといった日本と似た状況を聞いて親近感を持っていた。体格やフットサルの技術レベルも近いと思われ、選手同士や観客同士でエールの交換をするなど、和やかな雰囲気の中での試合となった。野武士ジャパンは、これまでで一番のチームワークを見せたが、善戦及ばず〇対三で敗戦。続くスロヴェニア戦も二対一二で敗れ、結果として一日で惜敗と惨敗を経験することとなった。楽しくやっても駄目、真剣にやっても駄目。いずれにしても勝てない状況に、ついに選手たちの心のもやもやが爆発した。

それまでは、ミーティングで発言をする選手がある程度決まっていた。誰がコーチか分からないような模範的なコメントが多く、横で聞いていた筆者は、「きっとプロの選手でもこういう内容の話をしているのだろう」と感じると同時に、どこか他人事であり現実感がないという漠然とした印象を抱いていた。恐らく選手たちも同じように感じていたのだろう。ついに堰を切ったように「〇〇さんのあの時のあのプレイが…」、「〇〇さんのあの言い方は…」といった本音をぶつけあう話し合いが始まった。皆が口々に思ったことを言い合う状況に当然ながらチー

写真２－４　ミーティングの様子

ムの雰囲気は悪くなっていくが、それでも試合は続いていく。

次戦のオーストラリアチームには、高齢の選手や障がいを持つ選手がいた。人数が少ない野武士ジャパンと互角と思われたが、やはりチームの雰囲気が悪い。疲れもたまっていたのだろう、大会を楽しむ余裕も、勝利を目指す気迫も見られず、チームメイトの無気力なプレイにいら立ちが募る。結果は四対八で敗戦。続く、カザフスタン戦も一対九と敗れ、チームの雰囲気はこれまでにないほど暗いものとなっていた。この時点で二次リーグが終了し、一勝も挙げていない日本チームは、“INSP Trophy”を争うトーナメントに進むこととなった。

チームの変貌

決勝トーナメントに入り、勝てなくても暗くなっても話し合いを続けてきたチームに変化が現れ始める。準々決勝のルーマニア戦は〇対一二で敗れたが、全力で頑張るチームメイトに対する見る目が変わってきたのである。それまで選手たちは、チームメイトに、自分に、コーチに、そして相手チームに勝てない理由を見つけようとしていた。その結果、お互いのさまざまな感情が交錯し、上手く説明できないままに誤解を生む悪循環にはまっていた。しかし、「あと、三試合を精一杯戦おう」、「後悔がないように全力で」、「一人一人ができることをしよう」といった極めてシンプルな回答に行き着いた野武士ジャパンは、全く違うチームへと変貌を遂げる。

下位決定戦は、前日に交流したカンボジアチームであった。孤児院で育った子供たちからなるチームで、夜間に部屋でボールを蹴る音が聞こえるなど、フットサルが大好きな選手たちであった。日本チームはこれまでの試合の中で最も勝つチャンスがあったが、結果は〇対四で敗れた。最終戦は対スペインで、この試合も勝機は十分にあったが二対五と敗れ、二〇〇四年の大会初参加以来の悲願の一勝は、次の大会まで持ち越しとなった。参加国の中で唯一、一勝もできなかった日本チームは最下位であったが、最後の三試合はチームとしてのまとまりを見せ、

写真2－5　INSP Trophy
（提供：ビッグイシュー基金）

いくつかの見せ場も作った。結果だけを見ると全敗だが、負け方の質は試合を重ねるごとによい方向に変化しており、それは選手たちの晴れ晴れとした笑顔からも明らかであった。
閉会にあたり、ホームレスワールドカップ代表のメル・ヤング氏が「この会場に来ているあなたがた全てが特別な存在であることを忘れないで下さい」と述べ、大会は締めくくられた。チームメイトとぶつかりながら全力で試合を戦い、話し合い、争う中で、野武士ジャパンの選手たちがこれまでにない経験をしたことは確かである。この経験の後に聞いたメル・ヤング氏の「あなたは特別な存在」という言葉は、しっかりと選手たちの心に刻まれたであろう。

勝っても負けても

パリ大会では、毎日午前一〇時から午後六時までの間に平均二試合を戦った。試合開始時間とコート、対戦相手は前日に発表され、試合の間のウォーミングアップやクールダウンの合間を縫って、他チームとの交流会や練習試合を入れていく。予定の入れ方は国によって異なり、各国のスタッフが飛び込みで次々とアポイントメントを取っていく。観光をメインに置くチームもあれば、少しでも時間が空けば相手を見つけて練習試合を詰め込む「サッカー大好き国メキシコ」や、完全に受け身だが誘われたら断らない「人気者国カンボジア」などがみられた。カンボジアチームは平均年齢が一七歳であったが、中学生にみえる選手ばかりでとても人気があった。野武士ジャパンの選手たちにとっては、子どものような感じであったのだろう、前回のイタリア大会に続いて交流を深めることとなった。筆者は、彼らにカンボジアの言語のクメール語で挨拶をしてみたが、驚かれることなく挨拶を返されてしまった。「え？　パリでクメール語？」という反応を期待していたのだが、世界中でクメール語が話されていると思われたのだろうか。

時には、他国とのアポイントメントの後に別のスタッフが取ったアポイントメントが判明したり、試合が入ってしまうこともあり、また、待ち合わせも「広場のこの辺り」という約束で行

写真２-６　メキシコチーム

写真２-７　カンボジアチーム

ってみたら誰もいなかったりと、携帯電話があれば、起こりえないようなハプニングにも見舞われた。野武士ジャパンのメンバーも、日本から折り紙やけん玉といった小道具を持参しており、言葉が通じない中でも身振り手振りでコミュニケーションを取り楽しい時間を過ごしていた。

ひとときの集団生活

フランスへ旅行したことのある方ならご存じだと思うが、パリ市内には観光名所が多く、総じて宿泊料金が割高である。筆者の印象では、日本と同程度か少し高いくらいであった。一週間の大会期間中、選手八名とチーム代表、監督、コーチなど二名を加えた一チーム一〇名分の宿泊場所、食事、市内の移動費などが大会本部から提供されるが、一か所に六四か国×一〇名が寝泊まりできるような施設はなく、三か所に分散して滞在することとなった。

かつての大会で、大会会場横の軍の施設を選手村として開放し、全ての国の「選手のみ」が宿泊したことがある。スタッフは別の場所での宿泊となったが、選手村への入場のためにパスが発行され、入り口で管理がなされており不便なことが多かった。パリ大会では、各国の選手とスタッフはチームごとに同じ場所に滞在できるようになり、日本選手団もユースホステルのような青少年研修施設に宿泊した。この施設は定員に余裕があり、各国一〇名をこえたスタッフも自費で泊まることができた。

宿泊施設から大会会場へは、モノレールやバスなどで片道二〇分程度であった。選手とスタッフの計一〇名には、大会期間中、パリ市内でモノレール、バス、路面電車、地下鉄などに乗り放題となる顔写真入りのフリーパスが提供された。選手は、当初「これがあればどこにでも行ける」と張り切っていたが、連日の試合と練習試合、交流会などのスケジュールに追われて、結果的には大会本部から招待をうけた観光に出かけるのみであった。その他、タオルなどのアメニティセットと食事のクーポンも提供され、朝食と夕食は各施設内においてクーポンと引き換えに各自で、昼食は大会会場の近くに設けられた場所でチームごとに取っていた。

大会本部は、各チーム一〇名分のエッフェル塔観光、セーヌ川クルーズ、美術館・博物館の入場チケットを準備しており、予約が必要なものについては、各国に帯同しているボランティアに手配をしてもらって、試合の空き時間に行くことができた。また、フランスのプロリーグの試合にも招待され、他国の選手とともに一流選手のプレイを見ることができた。野武士ジャパンの東京から来た選手の中には、Jリーグから招待を受けて観戦した経験のある者がいたが、ほとんどの選手にとっては一流のプレイを間近に見るのは初めてであり、よい動機づけになっていた。他の観光についても連戦の中での息抜きとなり、チーム内、他チームとの友好を深める貴重な機会であった。

2．ホームレスのみが参加できる世界大会

ホームレスワールドカップとは

ホームレスワールドカップは、二〇〇一年に南アフリカで開催されたストリートペーパー国際ネットワーク会議（International Network of Street Papers Conference: INSP）において、ビッグイシュー・スコットランドのメル・ヤング氏らによって発案された。ちなみにＩＮＳＰとは、ホームレスの仕事を生み出すことを目的に制作・販売されている「ストリートペーパー」をテーマに、世界各国から一〇〇以上の団体が一堂に会する国際会議である。日本からは、「ビッグイシュー日本」が参加しているが、ビッグイシュー日本については

表２－１　ホームレスワールドカップ開催地と参加国数

	開催年	都市	国	出場チーム数
第１回	2003	グラーツ	オーストリア	18
第２回	2004	イエテボリ	スウェーデン	24
第３回	2005	エジンバラ	スコットランド	32
第４回	2006	ケープタウン	南アフリカ	48
第５回	2007	コペンハーゲン	デンマーク	48
第６回	2008	メルボルン	オーストラリア	48
第７回	2009	ミラノ	イタリア	48
第８回	2010	リオ	ブラジル	64
第９回	2011	パリ	フランス	64
第10回	2012	メキシコシティ	メキシコ	62
第11回	2013	ポズナン	ポーランド	64

次節で詳述する。

ホームレスワールドカップは、世界各国のホームレスのみが参加できるフットサルの世界大会であり、「ホームレス状態を社会からなくすこと、ホームレス状態にある人々が自らの人生を変えるきっかけを作ること」(Homeless World Cup公式ホームページ 2011)を目的に、二〇〇三年にオーストリアで第一回大会が開催されて以降、毎年行われている。

実際の活動はパートナー国で

「ホームレス」や「貧困」に世界共通の定義はない。単に住む家がないというだけではなく、失業、犯罪、薬物使用、アルコール依存、精神疾患、DV(ドメスティックバイオレンス)など抱える問題はさまざまで、複数の問題を抱える者もいる。これらの問題だけを取り上げるのであれば共通した特徴が見られるが、法制度や家族形態、公的支援の仕組みなどの違いから、国によって「どのような状態にある人をホームレスと呼ぶか」については当然ながら異なってくる。そのため、ホームレスワールドカップは、国の貧困事情に精通する団体をナショナルパートナーとして登録し、彼らが大会に申請をして参加する仕組みである。パートナー団体は、大会の生い立ちの関係で、ビッグイシューをはじめとしたストリートペーパーを発刊する団体

表2-2　ナショナルパートナーを有する国一覧

アフガニスタン、アルゼンチン、オーストラリア、オーストリア、ベルギー、ボスニアヘルツェゴビナ、ブラジル、ブルガリア、カンボジア、カメルーン、カナダ、チリ、コロンビア、コスタリカ、チェコ、デンマーク、イングランド、フィンランド、フランス、ドイツ、ガーナ、ギリシャ、ハイチ、香港、ハンガリー、インド、インドネシア、アイルランド、イタリア、コートジボアール、日本、カザフスタン、ケニア、キルギスタン、リベリア、リトアニア、ルクセンブルグ、マラウイ、メキシコ、モルドバ、ナミビア、オランダ、ニュージーランド、ナイジェリア、ノルウェー、パレスチナ、パラグアイ、フィリピン、ポーランド、ポルトガル、ルーマニア、ロシア、ルワンダ、スペイン、スウェーデン、スイス、東ティモール、ウガンダ、ウクライナ、アメリカ、ウエールズ、ザンビア、ジンバブエ

が多いが、中には全く関連がない団体もみられる。また、先進国であればその国の団体が活動を行っているが、開発途上国では、援助に入っている他国の団体が選手を派遣する場合もある。いずれの場合も国ごとに基準を設けて選手選考を行っているが、例えばメキシコチームは、一万五、〇〇〇人以上の中から八人が選ばれて派遣されていた。

パートナー団体は、大会開催地までの渡航費を賄わなければならず、各国でスポンサーを募ったり、助成金を得る場合が多い。また、参加にあたっては、チームを作る、日常の練習を行う、大会や選考会を実施し八人の代表を選ぶ、選手の心身のケアを行う、パスポートの取得を含めた渡航手続きを行う、など大会に向かう前の一連の活動の全責任を負っている。帰国後も参加した選手とともにホームレス問題の啓発を行ったり、彼らが自立するために必要なサポートを行うのが通常であり、これらの大会の前後に行う活動にホームレスワールドカップ大会本部は関与していない。

参加資格とルール

ホームレスワールドカップ大会への参加資格は、一六歳以上の過去の大会に参加したことのない者の中から、①大会開催日より一年以内に三週間以上のホームレスの経験があるか、ストリートペーパーの販売で生計を立てている者、②大会開催日より二年以内に麻薬やアルコール依存の治療を受けている者、③過去一年間に亡命した者及び亡命申請者、のいずれかに当てはまる者である。

ホームレスワールドカップで行われる競技は、「フットサル」と呼ばれることが多いが、厳密には、ＦＩＦＡの規定するフットサルとはルールが異なっている。ルールの

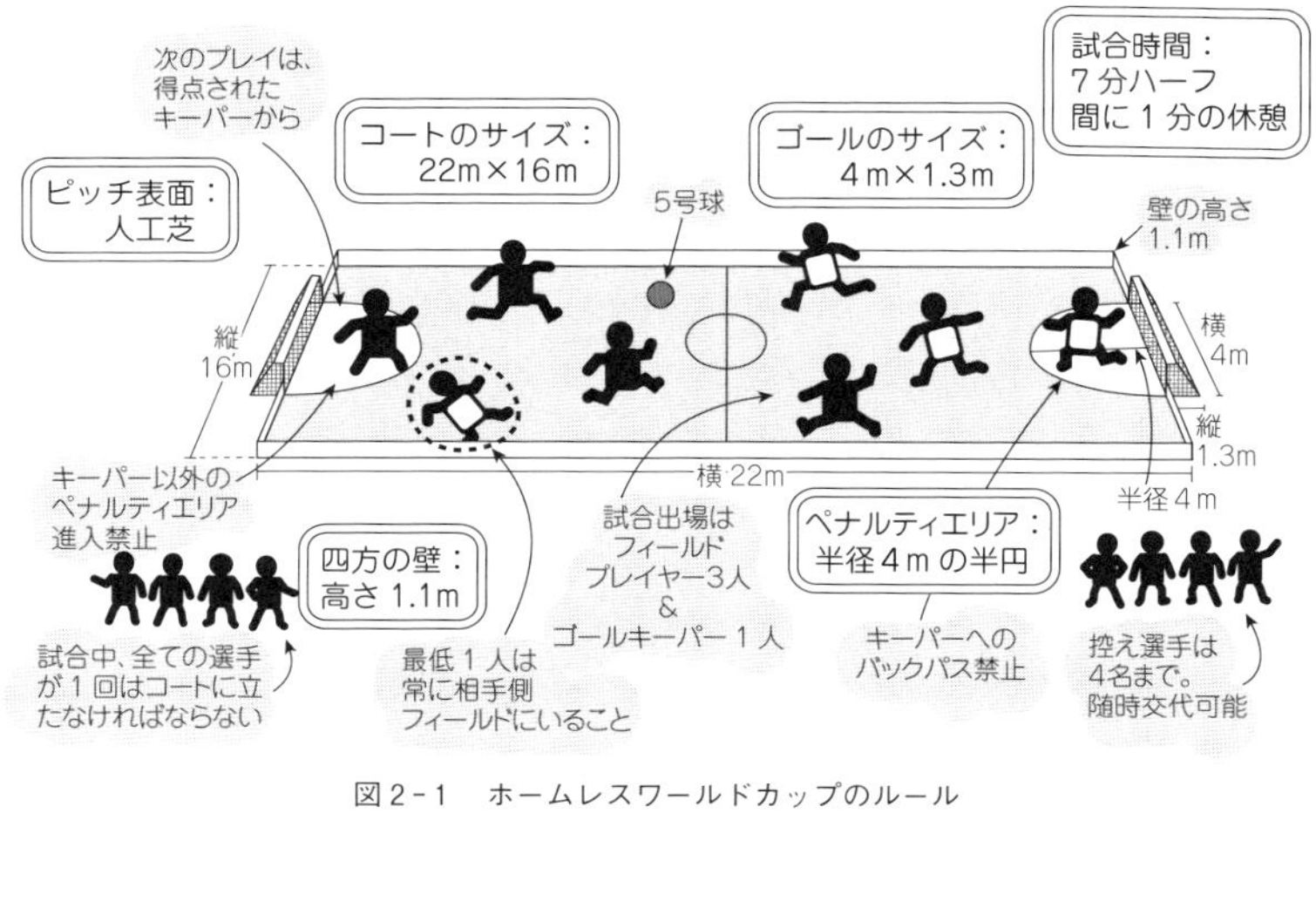

図2-1　ホームレスワールドカップのルール

表2－3　主なホームレスワールドカップルールとフットサル公式ルール

	ホームレスワールドカップ	フットサル公式
ピッチ	22m×16m	40m×20m
ピッチ表面	人工芝	木、人工材質
ゴールサイズ	1.3m×4m	2m×4m
ボール	5号球	4号球
競技者数	3名＋ゴールキーパー	5名
交代要員	4名（随時交代可能）	7名（随時交代可能）
試合時間	7分ハーフ	20分ハーフ

詳細を図2－1に、フットサルの公式ルールとの比較を表2－3に示した。

メディアの活用

パリ大会では、三九二試合が生中継され、世界各国からインターネットを通じて見ることができた。二〇一一年八月二一日から九月一二日の間に、のべ六万三、〇〇〇人がウェブサイトを訪れ、そのうち二万四、〇〇〇人が新しい訪問者であった。この試みは好評を博し、以降の大会でも試合の模様が全世界で見られるようになっている。

二〇一三年八月三一日現在、ホームレスワールドカップのフェイスブックページには、三万件の「いいね！」が押されている。また、日本をはじめ、さまざまな国がYouTube上にチーム紹介や活動内容を記録した動画をアップしており、世界中の人があらゆる場所で見ることができる。野武士ジャパンの公式ホームページ上でも数本の動画が再生でき、これらの動画はプロの映像作家がボランティアで撮影、編集した本格的なものである。

これまでにホームレスワールドカップを題材にしたドキュメンタリー映画や舞台も作られた。二〇〇六年に南アフリカ大会を題材に"Kicking it!"がスーザン・コッホ、ジェフ・ウエルナー監督によって発表され、日本でも「ホームレス・ワールドカップ」として上映された。また、二〇一一年には、フランスのテレビ局が、日本、アルゼンチン、パレスチナ、フランス、ケニアのチームを追った"Hors-Jeu: Carton rouge contre l'exclusion"(オフサイド：社会的排除へのレッドカード）という九〇分のドキュメンタリー番組を制作した。二〇一三年七月には、劇団「青春事情」が、下北沢演劇劇場において"NO GOAL – Homeless World Cup –"という演劇公演を行った。

ボランティアが大活躍

パリ大会の期間中、約五〇〇名のボランティアが試合会場の内外で活躍していた。大会運営やメディア対応もほとんどがボランティアによって行われており、フランス国内からはもちろん、他のEU諸国からも審判をはじめ、医師や看護師、カメラマンなど、今はやりの「プロボノ」といえるであろう多くのボランティアが来ていた。各国チームにも若干名、その国の言葉とフランス語が話せるボランティアが配置されていた。各国チームに帯同するボランティアは、大会会場までの誘導やパリ市内観光への同行が主な仕事であったが、各人によって関わり方はさまざまであった。日本チームのボランティアは、フランスに留学中の日本人学生で、買い物への付き添いをお願いしたほか、トラブルの対処にも当たってもらった。とくに選手がけがをした際に、大会会場では応急処置しかできず、パリ市内の病院に行かなければならなかった。病院探しから、付き添い、薬局の紹介や保険の手続きまでお願いすることになり、パリのことをよく知り、フランス語が堪能なボランティアの存在なくしては難しいことばかりであった。

3．日本代表〝野武士ジャパン〟

ビッグイシュー日本とは

皆さんは、ビッグイシューという雑誌が路上で販売されているのを見かけたり、購入したことがあるだろうか。ビッグイシューは一九九一年にロンドンで発祥し、二〇〇三年九月に日本でも創刊されたストリートペーパーである。有限会社ビッグイシュー日本は、ホームレスの人々に現金収入が得られる仕事を提供し、自立に向けた支援をすることを目的に、雑誌『ビッグイシュー日本版』を毎月二回発刊している。販売者として登録したホームレス状態にある人たちは、ビッグイシューを一冊一七〇円で仕入れて、三五〇円で路上販売し、差額の一八〇円を自分の収入とすることができる。最初の一〇冊は無料で提供され、販売場所やマナーなどの決められたルールを守り販売を開始する。二〇一三年八月までに一、四九二人が販売者登録をし、累計販売冊数は五八九万部、累計販売者収入は八億二、八一二万円に上っている。

ビッグイシューは、東京、大阪に事務所を置いており、東京都内や大阪市内の主要駅周辺を中心に二〇一三年現在、全国一五都道府県で約一三八人が販売している。東京、大阪の事務所の近くでの販売については、販売者が雑誌を仕入れに来たり、スタッフが届けることが可能だが、遠方の販売者の場合は、近隣のボランティアの支援者が仕入れの拠点として活躍している。ビッグイシューは、自立への第一のステップとして、販売で得た収益で一泊一、〇〇〇円前後の簡易宿泊所への定期的な宿泊を勧め、第二のステップとして、収益を貯金して敷金を作り、自力でアパートを借りて住所を持つことを推奨している。住所を得た後に、職を得ることを最終目的としており、ここまで来るとビッグイシューを「卒業」ということになる。

写真2-8　ビッグイシュー日本版

ビッグイシュー基金の活動

「NPO法人ビッグイシュー基金」は、有限会社ビッグイシュー日本を母体に設立され、①ホームレスの人々への自立応援、②問題解決のネットワークづくりと政策提言、③ボランティア活動と市民参加、の三つの事業を行っている。雑誌販売による収入創出では補えない部分のホームレスの人々の自立を支える目的で、具体的には、①生活自立応援プログラム、②就業応援プログラム、③スポーツ文化活動応援プログラム、④市民の社会参加活動プログラムの四分野で活動を展開している。③スポーツ文化活動応援では、「生きることへの意欲や喜び」を創出するために、ホームレスの人々が主体的に行うイベントやサークル活動をサポートしている。現在、定期的な活動として、音楽活動、ダンス活動、スポーツ活動、鉄道クラブなどがあり、フットサルの練習とホームレスワールドカップへの出場はスポーツ活動の一つである。

ビッグイシュー基金の活動には、ホームレスワールドカップへの出場の他にもユニークなものが多いが、その中の一つである「路上文学賞」を紹介しよう。路上文学賞は、二〇一〇年から年一回募集され、作家の星野智幸氏が一人で審査員を務める日本で最も堅苦しさのない文学賞であろう。エッセイや小説などの小説部門と川柳部門の二部門が設けられており、ホームレス状態にある人々が、形式やジャンルにこだわらず思いの丈をぶつけて路上でつくる作品を募集している。二〇一三年までに一〇〇点をこえる応募があり、短編から長編まで、また、メモ書きのようなものもみられ、いわゆる「文学」とは一線を画している。大賞、佳作、奨励賞などが贈られるが、選考は、①どこまで他人の顔色をうかがわずに言葉を発することができたか、②文学作品としての完成度を持っているか、の二点を基準に行われている。秀作ばかりが並ぶ過去の入賞作品は、路上文学賞の公式ホームページで閲覧可能である。

ビッグイシューによる「ホームレス」の定義

ここでビッグイシューによる「ホームレス」の定義を確認しておきたい。ホームレスワールドカップに出場する「野武士ジャパン」の選考には、ホームレスワールドカップ本部が設けている定義に加えて、「各国におけるホームレスの定義」が必要であり、ビッグイシュー基金では次の定義を採用している。

一般にホームレスと呼ばれる「屋根のない状態（野宿）」＝ルーフレス状態の人に加えて、「屋根はあるけど家のない状態（ネットカフェ、施設など）」＝ハウスレス状態の人

わが国では、二〇〇二年に定められた「ホームレスの自立の支援等に関する特別措置法」によって「都市公園、河川、道路、駅舎その他の施設を故なく起居の場所とし、日常生活を営んでいる者」をホームレスと定義し、二〇一〇年に厚生労働省は、この定義に基づいた全国のホームレスの数を一万三、一二四人と発表した。しかし、ビッグイシューではヨーロッパなどの定義にならい、簡易宿泊街、作業員宿舎、施設、ネットカフェ、サウナ、カプセルホテル、個別ビデオ店、ファーストフード店、友人宅などに継続的に寝泊まりをしている者も含めてホームレスと定義している。

活動を追って——東京

NPO法人ビッグイシュー基金は、二〇〇四年イエテボリ大会、二〇〇九年ミラノ大会、二〇一一年パリ大会に日本代表「野武士ジャパン」を派遣した。大会に選手を派遣する過程において、①ホームレスの人たちに趣味・楽しみになることを通じて「希望」をつくる、②フラットなコミュニケーションの場を提供し、人とのつながりを回復する、③ゴール・勝利、ささやかな成功体験の積み重ねで「自信」や「諦めない気持ち」を生み出す（長谷川、二〇一一）ことを目的としている。

フットサルの練習は、東京と大阪でそれぞれ平均して月二回ずつ行われており、日常の練習や他チームとの交流試合といった活動の延長線上にホームレスワールドカップが位置づけられている。東京での活動は、基礎から応用、個人技からチームプレイへとサッカーの技術力の向上を目指した本格的なものであり、四谷にある体育館などを借りて行われている。かつては公園などの屋外で練習を行っていたが、近隣からの苦情が出たことを理由に、現在は有料の公営体育館や競技場を使用している。練習には、ボランティアのコーチやビッグイシュー基金のフットサル担当者やインターンの他、時期によって異なるが数名のボランティアが参加している。ボランティアの中のサッカーやフットサル経験者は練習自体に参加することもあり、選手たちのよい刺激となっている。

ホームレスワールドカップには、一度出場した者は二度と出場できないというルールがある。より多くの人に参加の機会を提供することと、大会への参加をきっかけに自立への道を歩み、ホームレス状態から抜け出してもらうことを目的としているという両方の理由からである。そのため、大会に出場したＯＢは、徐々に練習から足が遠のく傾向にあるが、何人かのＯＢはたまに練習に顔を出し、新しい参加者にホームレスワールドカップ大会での経験を話すなどの協力をしている。

東京チームの活動の特徴は、他団体や企業などに声をかけ、練習への参加を勧めたり、練習試合を行ったりしているところにある。とくに若者の自立支援をしている団体とは継続的に連携しており、その理由として、二〇〇八年のリーマンショック後に四〇歳未満のビッグイシューの販売者登録希望者が急増したことが上げられる。ビッグイシューでは、四〇歳未満のホームレスを「若者ホームレス」と呼び、急増の原因と彼らが置かれている状況を調べ、他の関係機関と協力して「若者ホームレス支援ネットワーク会議」を開催した。これらの活動から分かってきたことは、「ホームレス問題、ニート・ひきこもり問題、障がい者の問題、養護施設等で育つ子供たちの抱える問題などが、全て地続きである」（ビッグイシュー基金、二〇一三）ということであった。さらに、急増している若者ホームレスの「予備軍」が、団塊の世代にあたる

写真２－９　東京チームの通常練習

両親の年金が途切れるころに一斉に路上に放り出される可能性があることが指摘された。この深刻な問題に対する認識から、また、フットサルの活動がビッグイシュー基金の活動の中で若者ホームレスの問題に適しているという意見もあり、積極的に他団体から選手を受け入れている。いずれは、連携している団体にも独自にチームを作ってもらい、年一回の大会を開催し、その結果を踏まえて、より広い対象者の中から「野武士ジャパン」を選抜したいと考えている。

企業との連携も活発で、とくに外資系企業の数社は、会社をあげて社員を練習に送り込んだり、大会に出場したりしている。複数のボランティアが参加する際には、練習後に選手との交流会が開かれることもあれば、日本のホームレス問題を理解してもらうための簡単な講義が行われることもある。ある日の活動に参加したイギリス人の青年は、「好きなサッカーで日本のホームレスの方々と交流できたことに加えて、日本のホームレス問題についても深く知ることができるいい機会であった」と話していた。出身国によって、ボランティアや社会問題に対するそもそもの考え方に相違があると推測されるが、日本ではこのような気軽にスポーツをしながらボランティアをするような機会は多くはなく、参加した彼らにとっても貴重な経験であっただろう。もちろん、選手たちにとっては、ホームレスワールドカップ本番さながらに、大柄な外国の人たちを相手にした練習ができるという大きなメリットがあることは言うまでもない。

活動を追って——大阪

大阪チームの活動は、東京チームの活動とかなり雰囲気が異なっている。大阪チームの練習は、市内中心部の梅田から徒歩圏内にある公園で月二回行われているが、ナイター設備が整ったこの公園は、予約不要で空きがあればいつでも無料で使うことができる。年に数回、先に他のチームが使っていることもあるが、一緒に練習をしたり、場所を融通したりしながらこれまで大きな問題が起こることなく活動できており、奇跡のように恵まれた環境にあるといえる。

定期練習は、第二、第四土曜日の一八時三〇分から二一時頃まで、年末年始を除く該当日に荒天でない限りは必ず行われており、誰でも参加することができる。そのため人数にばらつきがあり、多い時で五〇人をこえる日もあれば、コーチ、スタッフ、選手一人の三人で練習が行われたこともある。練習の開催日には、「ビッグイシュー基金 フットサル練習中」のプラカードが掲げられ、初めて参加する人も迷わず来ることができ、また、入口や出口がない広場であるため、周辺に荷物を置いて気軽に入ってくることができる。

大阪チームの練習は、一言でいえば「ゆるい」雰囲気であり、誰が選手で、誰がスタッフで、誰がボランティアなのか、男性か女性か、青年か中年かが分かりづらい。夜間に行っているために、他の人の姿があまり見えないというのもあるが、そもそもフットサルをするために自分の属性を明かす必要はないのである。この「誰が誰だか分からない状態」が不思議な雰囲気を作っており、初対面の人も馴染みの人も和気あいあいとフットサルを楽しむというのが大阪チームの魅力の一つであろう。

このゆるい雰囲気を言葉で説明するのは難しい。「ゆるい」というのは、諸刃の剣で、例えば寒い冬や暑い夏には、夜間ということもあって練習に集まる人数が極端に減少する。また、大学生のグループがボランティアとして参加することが多いが、全体に対する人数が多すぎたり、元気過ぎる、盛り上げ過ぎるということが起こると、主役であるはずのホームレスの人たちが蚊帳の外ということもしばしば見られるのである。フットサルが上手で、服装も髪型もきまっているボランティアの若者が活躍し、周りの女子大生が声援を送る様子を見ると「別のところでやったら」と毒づきたくもなるが、皆が一生懸命にプレイをしている結果でもあり、誰が悪いわけでもない。筆者はかつて、ドリブルで数人を抜き、格好よくシュートを決めた青年に「空気が読めん奴だ」と怒りを感じたことがあるが、練習の終わりぎわにその青年が、ホームレスである他の参加者について、「一緒にフットサルをしていて、この人たちはこれから外で寝るのか、自分は家のベッドで寝るのに複雑だ」とつぶやいたのを聞いた。彼らも学んでいるのだ。よく考えれば、他の参加者にとっても一生懸命プレイする姿は悪い印象を与えず、技術のお手本と考えることもできる。「少々手加減して欲しい」というのが本音ではあるが、若いボランティアの参加が明るい雰囲気を作っていることも事実である。

このように東京チームとは、参加者のスタンスも練習の方法も違うが、ゆるいからといって不真面目に練習をしている訳ではない。参加している人の中には年配者も女性もいるが、皆が身体を動かすことを楽しみ、またその中でフットサルの技術が少しでも向上すればと、各々のできる範囲でベストを尽くしている。このゆるい場を学術的に考察するのはとても難しい。ここでは、「フットサルの練習でよく顔を見る人」という人間関係が成り立っており、それ以上でもそれ以下でもない。しかし、この関係が長く続くと不思議な親近感が湧いてくるものであり、これこそがビッグイシューのフットサル活動が目指す「緩やかな人間関係を作る」ことではないかと思う。

大阪チームの練習の場は、都会の真ん中に突然生まれる不思議な空間である。それは、夜間に公園という開かれた場所で行われていること、参加しているホームレス選手やスタッフの雰囲気、フットサルという競技の持つ性質、もしかすると大阪であることも影響しているかもしれない。これらの要因が相まって、さまざまな属性の人が集まり、同じことに熱中するという現代社会では極めて稀な異空間が形成されている。一人一人の生活や背負っているものは違うが、フットサル練習の時間には皆が方々からやって来て、昔からの知り合いのようにボールを蹴り始める。練習の前後や合間には、たわいない話をしたり、時にはボランティアの大学生がホームレスの年配者に人生相談をしていたりする。多様な人々が集まる場でありながら緊張することなく、真剣な話をしていることもあるが後腐れはない。この場の独特の空気感の中にいると、一般の人々が何らかの関わりを持ちながらホームレス問題を解決、緩和できるとすれば、このような空間からかもしれないという思いを強く抱く。

生きる喜びとしてのサッカー

ここで何名かのホームレス選手が、フットサルに行きつくまでの経緯（二〇一一年当時）を記してみよう。

Iさん（四六歳）：

Iさんは、高校卒業後に某有名企業に勤めていたが、そこで社員食堂を経営している会社に転職し、料理人の道を目指した。調理師免許を取得し、長野県のホテルのレストランでシェフとして働き始め、同じ職場の女性と結婚した。子どもをもうけたが、一五年後に結婚生活が破たん、元妻と同じ職場には居づらくなり、東京に行けば調理師の仕事が見つかるだろうと考えて、仕事を辞めて上京した。

Iさんは、元々、東京の出身である。しばらく実家で暮らすつもりであったが、Iさんの両親は子どもがいる夫婦の離婚に猛反対であった。すでに四〇をこえていたIさんは、調理師としての仕事を中々見つけることができず、調理師以外の仕事にも挑戦したが長続きしなかった。年齢を重ねるごとに職が見つかりにくくなり、両親との関係は悪化、貯金が底をついたため、家を出て、路上で寝泊まりするようになった。

路上で寝泊まりを始めて、二日後にビッグイシューが無料配布している「路上脱出ガイド」を読み、雑誌ビッグイシューの販売で収入を得られることを知った。その日のうちに事務所を訪ねて販売者登録をし、その翌日から雑誌の販売を始めて二年が経過した。現在、Iさんは、貯金ができたことからアパートを借りているが、もう少し生活が安定するまでは雑誌の販売を続けようと思っている。

ビッグイシュー基金が行っているフットサル活動のことは以前から知っていたが、「フットサルをする時間があったら雑誌の販売をした方がいい」と考えていた。しかし、子どものころに野球をやっていたIさんは、元々身体を動かすことが好きであったため、ある日、運動不足を解消しようとフットサル練習に軽い気持ちで参加した。参加してみると、身体の調子がよくなっただけでなく、気持ちの面でも「スカッとする」ので続けて練習に参加するようになった。パリに行く野武士ジャパンの選抜は、最初は無理だと思って諦めていたが、ビッグイシューのスタッフの勧めで挑戦することにした。ある理由でパスポートの取得に不安があり、また、雑誌の販売を一週間も休むことが気がかりであったが、選ばれた時はとても嬉しかった。その後、スタッフの支援で無事にパスポートを取得することができ、また、雑誌を買ってくれる常連客に事情を説明したところ、皆が応援してくれた。

野武士ジャパンへの参加は、パスポートのことも含めて、身の回りのことを「きちんとしていく」過程であった。仕事も順調になり始めていたので、自分にとっていいタイミングだったと思っている。野武士ジャパンへの参加をきっかけに今のいい流れを確かなものにしたいと考えている。

Tさん（二二歳）：

Tさんは、貧困などの理由によって生活が困難な人たちの自立を支援する団体からの紹介でビッグイシューのフットサル活動に参加し始めた。Tさんの母親は、出産の三日後に病院からいなくなり、Tさんは実の両親の顔を知らず、里親の下で育てられた。里親を実の親だと思って育ってきたが、一六歳のある日、突然、母から自分が実母ではないということ、三日後に家を出て東京の施設に行くようにということを告げられた。元々、父と兄はTさんに対して冷たかったが、そういうものだと疑問は抱いておらず、母はその日まで可愛がってくれていた。

千葉県で育ったTさんは、中学の時に市で連覇している強豪校のサッカー部に所属しており、練習は厳しかったがサッカーに熱中して暮らしていた。しかし、ある日を境に生活は一変し、家族、家、お金のいずれも持たない生活が突然始まった。しかも、国の運営する児童養護施設は、基本的には一八歳になると退所しなければならず、Tさんも一八歳になった日からアルバイトをしながら一人暮らしを始めた。

一八歳の一人暮らしは非常に危険である。友人だと思っていた人が、先輩にTさんを「売り」、複数の大人に家を襲撃され、ごみ袋二つに身の回りの物を詰めて逃げ出した。しばらくホームレス生活を送っていたが、この時点で友人や彼女も失い、何が起こったのかが全く分からず、「精神崩壊に近い状態」となった。

行き着いたのが、先のフットサル活動への参加を勧めた団体である。ここで初めて生活保護などの国の制度や里親制度の仕組みなどを聞き、自分の置かれた状況を徐々に理解した。説明を聞くにつれて、真っ暗な数年間の後に「救済される」という安心感を持ったが、気持ちの面で完全に落ち着くことはできなかった。これまでに身の危険を感じた記憶や絶望感などが消えず、「他の人が幸せそうにしているのが嫌」、「自分のことを分かったようにいわれるのが嫌」という理由で周囲の人とぶつかったり、暴力をふるったりする日々が続いた。

当時、里親制度や児童養護施設の問題点は、現在よりも明らかになっておらず、社会的弱者の自立支援で実績を持つその団体でも、完全に福祉の外に置かれていたTさんのケースは想定外であった。Tさんは若くして命の危険を感じるいくつもの困難に遭い、そのことを原因として、身体的、精神的に疾患を抱えており、通院と服薬が必要であった。現在は団体の支援によって治療をしながら、生活保護を受けて一人暮らしを始めている。

このような状況でフットサル練習に参加し、野武士ジャパンに選ばれてパリ大会の代表となった。Tさんは、ホームレス、とくに自分のような若いホームレスには、将来の自立に向けた道筋を示すようなマニュアルはないと思っている。そのため、ホームレスワールドカップの場で、人間関係やコミュニケーションの取り方など、これまで分からなかったことを自立への第一歩として学び、「段階を踏んでから」きちんと働いて、闇の中から脱出したいと思っている。

Mさん（四九歳）：

野武士ジャパンの中で最年長であったMさんは、パリ大会でキャプテンを務めた。石川県で育ったMさんは、中学、高校と野球に没頭しており、就職後も地域のチームで草ソフトボールのチームに所属し、週三日の練習に明け暮れていた。高校卒業後に営業の仕事をしていたが、三〇代の半ば頃から、同居していた父、祖父、母が次々と病に倒れ、四年の間に全員が亡くなった。この間、親戚の手助けを得ながらも、主にMさんが看病と介護をしており、仕事は正社員からパートタイムに変わり、ついには辞めざるを得なくなった。

三人を見送り一人になった途端、気が抜けて全てがどうでもよくなった。石川県から大阪に出てきたMさんは、あてもなく街を歩き続け、気がついたら公園にいたが、その時の記憶が全くない。その後、手配師に声をかけられて、そこから約一〇年間、作業員宿舎に住み込んで建設作業の仕事をしていた。気の合う仲間がおり、居心地のいい職場であったが、低賃金で仕事はきつく、段々と身体を壊していった。さらにリーマンショックの煽りで夜勤が増え、残業代が支払われず、ついには賃金もカットされて、高齢の者から辞めて行かざるをえなかった。職場全体がギスギスした雰囲気になり、Mさんもストレスからくる顔面神経痛や不眠に悩まされるようになった。精神的にも肉体的にも限界を感じたため、心身を治してからもう一度、頑張ることに決めて仕事を辞めた。

その日からホームレスになり、身の回りの物を詰めた車輪付きのカバンを転がして日雇いの仕事に行き、路上で寝る生活が始まった。ビッグイシューを知り、雑誌の販売を始めたが、当初は、食費と月に三万円近くかかっていたコインロッカー代に稼ぎの大半が消えていた。やがて、古紙回収業の仕事も始め、その会社の社長の計らいで、電気だけが来ている倉庫に寝泊まりを許可してもらい、ロッカー代を貯金に回すことができるようになった。

古紙回収業を始めても雑誌の販売は続け、貯金がたまり始めた頃に身辺の整理をしたいと考えていた。その頃すでに、フットサルの練習に参加しており、翌年に選手としてパリに行ける可能性があることを知った。再就職や家を借りるために身の回りを整理する必要性を感じており、パスポートの取得が必要になったことで、「後押し」をされていると感じた。ビッグイシュー基金からの紹介で「無料法律相談」の助けを得ながら、住民登録などの手続きを始めたが、途端に税金などで貯めたお金の半分を払わざるを得なかった。

フットサルを始めて生活の中での楽しみが増えた。ホームレス生活をやっていたせいで体重が高校時代なみに減っており、身体がよく動いた。フットサルは未経験であったが、知らないスポーツは新しく覚えることがたくさんあるのでよかった。パリ大会ではキャプテンを務め、人生がいい流れで回り始めていると感じるが、急に頑張ると病気が再発する可能性があるので、徐々に仕事を増やし、近いうちにビッグイシューの販売を卒業したいと思っている。

4. 新しい人間関係をつくる

人との「つながり」をもとめて

筆者は、大阪でのフットサル練習に参加し、二〇一一年のホームレスワールドカップのパリ大会への過程を体感しながら、人との「つながり」について色々なことを考えた。パリ大会では、なかなか一勝ができない中で各選手のいらだちが募っていき、選手間で、また選手とスタッフの間でも大小さまざまな問題が発生した。これらはいずれもコミュニケーションのずれによって生じる小さな誤解に端を発しており、後になれば笑い飛ばせる程度のものであったかもしれない。しかし、選手たちは「ややこしい人間関係」を極端に嫌う傾向があり、始めはきちんと話し合うことさえままならなかった。恐らく、これまでの人生において、人とのトラブルを避けてきた人が多かったのだろう。あるいは、これまでの人生の中で人ときちんと向き合った結果として不利益を被ったり、誤解を与えたりと嫌な経験をした人もいたかもしれない。

違う言い方をすれば、本当に心の優しい「いい人」たちであった。筆者が数年前にホームレスに対して抱いていた「自由気ままな人」、「勝手な人」、「一人で生きていける強い人」というイメージとはかけ離れ、むしろ逆というような繊細さを持つ人ばかりであった。いい意味でも悪い意味でも、他人や競争から一歩身を引き、あるいは無気力、無関心を装うことで、自尊心やわずかに残っている他者への信頼や期待感を保っているという印象を抱いた。もちろん、全てのホームレスが当てはまる訳ではないし、ビッグイシューの販売者は、ホームレス界のエリートといわれているという噂も聞く。しかし、さまざまな挫折や困難を経験する中で、人に対して懐疑的であったり、必要以上に距離を置いたりするようになったとしても不思議ではないだろう。

ホームレスワールドカップでは、出場資格を満たしていれば、性別、学歴、職歴などの個人的属性は問われない。日本での活動でも、練習の段階では個人情報を明かす必要はなく、選手に選ばれた場合でも派遣手続きに必要な情報以外は原則として不要である。日常練習では、「年齢や性別など関係なく、気楽で自然体でいられる」ことや、「誰とでも等しく話ができる」ことがメリットと考えられており、それまでの人生や経歴にこだわらない匿名の人間関係に居心地のよさを覚える者が多い。一方で、「フットサルの練習には、ある程度知っている人から誘われたから参加した」という選手もおり、完全な匿名ではなく半匿名で人とつながることができる点にこの活動の意味がある。

筆者は、前節で紹介した二二歳のTさんと初めて会った時の印象を忘れることができない。

フットサルの実力はさることながら、鋭い目つきと全身で他人を威圧し、誰も寄せ付けない雰囲気を醸し出していた。ビッグイシューではない団体から来たこともあって、他の人と交流しようという気は一切無さそうで、隅の方で一人黙々とボールを蹴っていた。コートの中でも外でも、他者に対する苛立ちや警戒心がはっきりと見られ、とても彼が喜んでフットサルの場にいるとは思えなかった。しかし、ホームレスワールドカップに向けた活動や大会が進むにつれての彼の変化は、誰の目から見ても明らかであった。チームで最年少でありながら、フットサルの実力が飛びぬけていた彼は、いつしか、どうすれば勝てるのか、どう他の選手を活かすのか、自分はどのようなプレイをすればいいのか、を考えざるを得ない立場に置かれた。他のチームメイトの信頼を得ていく中で、自分なりの「人とのつながり方」を発見したのであろう。Tさん自身もホームレスワールドカップに出場した後の変化を「怒りが抑えられるようになった」と出会った当初と同じ人とは思えない澄んだ目で話してくれた。

ホームレスワールドカップの主催者のメル・ヤング氏は、全ての参加者が大会への参加を通じて「生きる喜び」を見出すことを期待している。実際に多くの参加者が生きる喜びや希望を持つように変化したといわれており、キャプテンのMさんは、帰国後の報告会において「勝ち負けはついてくるけど、やる以上は倒れるまで諦めない。自分たちは一回人生を諦めたと思っています。フットサルは人生に似ているなと。パスをつないでゴールにもっていく。自分も止まっていたけど、ようやくパスがまわって色んな人達とつながりだしてゴールに向かっています」と述べている。

一週間もの間、寝泊まりをともにしてフットサルに没頭する環境の中で、野武士ジャパンではアルコールも禁止であった。チームのメンバーは四六時中、一緒に行動をすることで、普段経験することがない「面倒くさく」、「濃い」人間関係を築いており、これこそがホームレスワールドカップの意義の一つであった。ここで、この人間関係の構築を可能にすると思われるホームレスワールドカップの特徴を検証してみたい。

ホームレスワールドカップの特徴

(1) 国際的な環境

ホームレスワールドカップは国際大会である。二〇〇八年に開催された第一回大会の出場国は一八か国であったが、二〇一三年の第六回大会には男子四八か国、女子一六か国が出場した。開催地も南アフリカ、ブラジルなど多地域にまたがっており、国際イベントとして発展を続け、認知度も上がってきている。しかし、そもそも「国際大会」である必要があるのだろうか。

ホームレスワールドカップの開催にあたって、開催国・団体は少なくとも約三億円を準備する必要がある。大会の会場費、運営費、各国選手団の宿泊費、移動費、食費などに充てられ、開催地の市町村が準備したり、企業や団体からの寄付によって賄われる。また、大会は世界各国で開催されるため、派遣国側では渡航費を準備しなければならず、選手八名分ともなると格安航空券を使ったとしても多額の資金が必要である。実際、野武士ジャパンに対しても「なぜホームレスが海外でフットサルをするのか」、「渡航費があれば、屋根のあるところで寝られるようにできるのではないか」といった意見が寄せられていた。ビッグイシュー基金には、意見の他にも「ホームレスワールドカップには使わないで欲しい」という逆の意味での使途限定の寄付もあり、スタッフを落胆させていた。

これらの資金を使って国際大会を行う意義を考えてみよう。野武士ジャパンのメンバーは、大会期間中、試合のみでなく、さまざまな国の選手と言葉が通じないながらも積極的に交流していた。大会を通じて和やかなムードが保たれており、また、日々の生活への心配がない環境で皆がフットサルと友達作りに没頭していた。フットサルの試合を行ったり、試合を観戦したりする中で、好きなチームや気の合う選手が出てくるが、不思議なことに「両想い」になることが少なくない。交流といっても言葉の問題があり、お互いのこれまでの人生を話したり、連絡先を交換したりというところまでは難しいが、それでも「心が通じ合う」経験は十分にできているようであった。

さらに、チームが勝利を目指す際に、チームメイトを理解する重要性を肌で感じ、人間関係を作ることへの苦手意識を変えなければならなかった。フットサルを媒体として、チームメイトに興味や関心を持ち、同時に自らを理解してもらう努力をしなければならないというのは、苦手としているコミュニケーションの問題を克服するための一種のショック療法ともいえるであろう。すなわち、他国の選手のみでなく、自チームの選手間でも多様性を認めること、他者が自分と違うことを受け入れて理解することが必須となる。この事実が受け入れられないと過剰なストレスが溜まり、大会を楽しめないことになるが、各国の選手たちは予想以上に柔軟であった。これまで国内でも少数の人との付き合いしかなく、どちらかというと閉鎖的であった選手たちが、「海外」、「国際大会」という特殊な環境を利用して、一気に外に向けて自己を解放していくように見受けられた。ある国の選手の「お互いに他者の境遇に思いを巡らせることで、自然に思いやりや親近感を持つことができる」という言葉は印象的であり、同じ空間でフットサルを行うことが、ここまで人と人との距離を近づけるということは驚きの事実であった。

大会が海外で行われるもう一つの効用として、出場までの過程を挙げることができる。ホームレスワールドカップに出場するためには、開催国を除いた選手はパスポートを取得しなければならず、国によって若干の差はあるものの、ホームレス選手たちにとっては高い壁として立ちはだかる。日本では、取得にあたって戸籍と住民票が必要であるが、多くの者は持っておらず、長年行ってこなかった「身分を証明すること」から取り掛からなければならない。事情があって身分を明かすことができなかったり、犯罪歴があったり、親族との連絡が取れなかったりと、さまざまな理由で大会への出場を断念せざるを得ないケースもあった。しかし、ホームレスワールドカップへの出場が強い動機づけとなり、身分の証明＝社会的に自分が何者かを明らかにするために音信不通となっていた家族に数年ぶりに連絡を取った者もいた。パスポートの取得にあたり「身の回りのさまざまなことをきちんとする」必要性に直面するため、周囲の人や法的な支援を得ながらこの困難を乗り越えること自体が、自立への一歩につながる仕組みとなっている。

少なくとも筆者は、多額の資金をかけて各国の選手がわざわざ海外でフットサルを行う理由が理解できたような気がした。一週間という短い期間に、これだけ多くのホームレス選手の考え方や人生に影響を与えることができるホームレスワールドカップは、さまざまな国で行われ、世界各国からの参加があることでこそ効果を持つと思われる。

(2) 誰もがスター選手

ホームレスワールドカップでは、図2－1で示したルールの下で独自のフットサルが行われている。なぜ、このようなコントロールされた特殊な環境でフットサルが行われているのだろうか。わざわざルールを変えている真意はどこにあるのだろうか。

ホームレスワールドカップでは、公式のフットサルより狭いコートで各チーム四人の選手がプレイするが、攻撃はキーパーを除く三人で、守備はフィールドプレーヤー一人を除く三人で行われる。前後半の各七分間、ハンドボールやアイスホッケーのように、随時、選手交代が可能であるが、ベンチにいる全ての選手が一度は試合に出なければならない。コートの四方が一・一mの壁に囲まれており、ボールが頻繁に跳ね返って大きな音がする。パリ大会では、コートの周囲からも観戦できたため、観客は選手の息遣いが聞こえる距離で、迫力のあるプレイを見ることができた。

ピッチは人工芝でできているが、芝の脚が長めである。このためボールが止まってしまい、技術のある選手でもドリブルで突破することは難しく、結果としてチーム内でパスをつなぐプレイがよく見られる。攻撃、守備が少ない人数で行われるため、各選手はコートの中で自分の責任を果たさざるを得ず、端的にいえば、よくボールがまわってくる。個人のプレイの回数は多いが、一つ一つの時間は短く、したがって特定の技術の高い選手のみがプレイするわけではなく、全ての選手に活躍の機会が与えられている。活躍や成功の機会があるということは同時に失敗する可能性も高くなり、いずれにしても選手は、大勢の観客の前で「目立つ」経験をすることになる。観客も大会の趣旨を理解しているのか、選手が転んだり、空振りをするようなことがあっても常に温かい声援を送っている。

試合の中で、選手が観客の声援を受けて主役になることは、「特別な存在」としての自己を認識することにつながり、観客の人数が多ければ多いほど自信をつけることになる。プロのスポーツ選手の中にも、目立ちたいから、もてたいからという理由でスポーツを始めた人は多い。レベルの違いはあるにしても、観客の前でプレイをし、声援を受け、喜びを得ることは、ある一定以上の規模のスポーツイベントが有する効果の一つといえよう。

ホームレスワールドカップでは、一試合に三人の審判が付いているが、審判の役割は、反則を判定するだけでなく、試合をコントロールすることにある。例えば、試合の中で何らかの反則行為があっても、審判は笛を吹かずに試合を続行しながら、反則を犯した選手に直接、話しかけたり目配せをする場面がよく見られる。大会の最大の目的が優勝チームを決めることではなく、選手の自立に向けた支援であるため、審判にもおのずと趣旨に沿った通常とは違う役割が付与されるのであろう。このことは、「ホームレスワールドカップの審判は特殊技能である。ルールを守ることとゲームを面白くすることの間の微妙なバランスを取りながら、加えて、トーナメントの精神を遵守し、各選手の自信とモチベーション、自尊心も構築しなければならない」（ホームレスワールドカップ公式ホームページ“Whistles of International Friendship”）と説明されており、審判たちには技術のみでなく、人間性までもが問われるようである。

ホームレスワールドカップが勝敗を争う大会ではないことは周知されているが、勝負の要素の入らないスポーツの場で、継続して面白さを感じることは、選手にとっても観客にとっても難しい。「交流」を前面に出した試合ばかりでは、回を重ねるごとに「馴れ合い感」や「退屈さ」が増し、大会そのものの熱が奪われていくであろう。しかし、ホームレスワールドカップは、予選一次リーグ、二次リーグ、決勝トーナメントと試合日程を細かく分けている。そのため、大会が進むにつれて、実力が拮抗したチーム同士が対戦することとなり、とくに下位のチームにとっては、徐々に勝利のチャンスが広がってくる。このことは、レベルの高低に関わらず、選手や観客のモチベーションを維持し、最後まで全力で戦うための重要な要素である。

これらの特徴は、ホームレスワールドカップで行われているさまざまな工夫のうちの一部である。独自のルールを設けることによって、競技性と面白さ、個人プレイとチームプレイなど対極にあると思われる概念のバランスが絶妙に保たれており、このことが大会の成果を最大化する要因の一つであろう。

(3) 本当の楽しさとは

どの国においても、経済的な「貧しさ」がホームレス問題の根底にあることは変わらないが、セーフティネットとして何らかの公的支援や人間関係が存在すれば、人はホームレス状態に陥らずに済むことが多い。しかし、外部からの支援が欠如していたり、本人が拒否したりといった場合、また、人間関係があったとしても何らかの理由で助けを求められない場合に、一気にホームレス状態に陥るのは、とくに日本ではよく見られるシナリオである。先に紹介した三人の選手のように、さまざまな問題が重なることで精神的に追い詰められ、長期的視野に立って物事を考えることが難しくなっていく。他者とのつながりに価値を見いだせなくなると自分の人生に対しても投げやりになり、命をつなぐ以外のことに関心がなくなる悪循環に陥ってしまうのは特殊な例ではない。したがって、何らかの金銭的な援助によって経済的な貧困を解消するだけでは、ほとんどのホームレス問題は解決できず、ましてや場当たり的な支援やチャリティ活動だけでは根本的な問題解決の道程を示したことにはならない。

ホームレスワールドカップと大会に参加するまでの国内での活動は、多くの「個別の」問題や解決の難しさを斟酌した上で、ホームレス問題を熟知する関係者によって採用された「自立に向けたきっかけ作りのための装置」（岡田、二〇一二）である。大会期間中、選手はホームレスとしてではなく、チームの一員としてふるまわなければならず、チームという疑似的社会の中での自らの役割と立ち位置を見つけていくことになる。このことは、現実の社会での他者との関わりやコミュニケーションの試行となり、他者と関わる社会的存在としての自己を再認識することにつながる。

身体を動かすことやスポーツをすることは、私たちにさまざまな楽しみや喜びを提供する。しかし、ホームレス状態にある人々は、身体や精神に何らかの病を抱えている場合も多く、スポーツを紹介すること自体も実は難しい。しかし、多くの関係者が難しいことを理解しながらも、参加を推奨しているフットサルの活動の最大の意義は、楽しみや喜びを「他者と共有する」ことである。同じ時間に同じ場所で身体を動かすことで得る喜びと楽しみが、他者への共感や関心を生むと考えられている。

ホームレスワールドカップでは、各チームにおいて試合に勝つことを目的とする疑似的な小さな社会が構成され、コートの内外での個々の役割が自然な形で決まっていく。さらに、他チームという複数の社会との関わりによって生まれる摩擦熱によって、自分たちの社会の形が変容したり進化したりする。この社会の中では、属する人の数が限られていることから、全選手が「その他大勢」になることなく、何らかの役割を持つことになる。

野武士ジャパンという疑似的社会では、種々のもめごとやいざこざがあったが、ともに苦難を乗り越え、それぞれの選手が最終的にチームの一員としての充実感や達成感、さらに「こうすればよかった」という教訓を得ていた。ここでは、単なる「友人作り」や「コミュニケーション能力の向上」といった表面的なもののみではなく、通常の社会生活では身に付けることが困難な社会スキルが獲得され、構築に長い時間がかかるような深い人間関係が築かれていた。

また、各選手が擬似的社会の中で自発的に役割を見つけ、責任を果たしたことにより、本物の社会での自立に不可欠な自己肯定感と他者に対する信頼、さらにはそこから生まれる本当の楽しさを得ているようであった。

スポーツで貧困問題は解決できるのか

野武士ジャパンとして過去の大会に出場した選手には、帰国後に仕事や住居を得たり、雑誌ビッグイシューの販売を卒業するなど、自立への一歩を踏み出した人が多い。そのほとんどは、帰国直後ではなく、帰国後から将来のことを考え始め、数か月、数年の後に新たな道へと踏み出している。ホームレスワールドカップが、二〇〇七年のデンマーク大会が終わった六か月後に行った調査では、三八一名の大会出場選手の中で一一〇人（二九％）が新たに仕事を見つけ、一二二人（三二％）が教育を受ける機会を得た。一四五人（三八％）の住居環境が向上し、一一八人（三一％）がアルコールや薬物依存の状態から抜け出したと報告されている。

ホームレスワールドカップでは、世界の「貧困」や「ホームレス問題」に共通する課題が分析された上で、できるだけ多くの人に対する最善の方法としてフットサルが採用されている。ホームレス問題の解決は、一朝一夕には難しいことは言うまでもないが、大会が国際的な大規模イベントでありながら、一方で各国のパートナー団体の努力によって、個々の選手に直接的で長期的な変化を求めていくことができる仕組みとなっている。ホームレスワールドカップへの出場が、各選手の人生に影響を与えるきっかけであったことは確かだろうが、数百名の元選手の自立への道のりには、「〇〇人がホームレス状態から抜け出すことに成功しました」と単純にはいえないさまざまなドラマが隠されている。

先に述べたように、近年の日本では、四〇歳以下の若者ホームレスの問題が深刻化しつつある。若者の就職難やブラック企業の問題、経済的な理由などによって家庭を持ちづらい二〇代、三〇代の増加や引きこもりの問題などの課題が浮き彫りになっており、これらの問題のもとになり、また問題を長期化させる「貧困」は自己責任論では解決どころか説明さえもつかないほど拡大している。ビッグイシュー基金は、リーマンショック後の二〇〇八年冬から五〇人の若者ホームレスへの調査を行い、彼らの多くが何らかの問題を抱える家庭で育ち、仕事において、あるいは他者とのコミュニケーションでの失敗を理由に、自分に自信が持つことができず、強い自己否定の感情を持つ人が多いことを明らかにした。これまでの大会に出場した野武士ジャパンは、他国と比べて平均年齢が高い傾向にあったが、今後はこの傾向が変わる可能性があり、すなわち日本でも他国のホームレス問題の解決への取り組みが参考になる日がくるかもしれない。ホームレスワールドカップが、このような各国の事情に合わせた「ホームレス問題」の解決に向けて活用されるのであれば、大会を開催し続け、その成果を追い続けることで、フットサルの潜在的な力を見出せるかもしれない。

これまでのホームレスワールドカップには、合計で一〇万人以上のホームレス選手が参加した。未だ日本における認知度は低いが、ＮＩＫＥやＵＥＦＡが後援しており、国際的なスポーツイベントの一つへと発展を続けている。しかし、実際の会場で大会を見た印象とマスメディアを通した印象がこれだけ違う国際大会も珍しい。パリ大会は、入退場自由という開かれた環境で大会が行われており、誰でも無料で観戦することができた。ここでは、ホームレス問題に関心を持たない人々が、気軽に立ち寄って試合を観戦し、フットサルというフィルターを通して、ホームレスや貧困といった問題を認識することが目指されていた。

マスメディアを通じた「ホームレスワールドカップ」と現地で目にする「ホームレス選手たちのプレイ」。これらは本来、同じであるはずだがなかなか認識しづらい。違う言い方をすれば、社会的課題としての「ホームレス問題」を実際の「ホームレスの人たちの問題」として捉える「現実感」に欠ける傾向にあることは否めないのである。しかし、この世の中におけるホームレス問題は、私たちから遠いところにある課題ではなく、誰の身にも降りかかる身近な社会課題である。貧困、ホームレス問題を深く知ることなく、自己責任の一言で片づけられないことはもちろんであるが、問題に対する私たちの取り組み方も日々問われ続けているのである。

ホームレスワールドカップは、フットサルという身近な媒体を通すことで、ホームレス状態にある当事者に自己変革を促すとともに、より多くの人々に対して意識の変革を求めている。異なる二つのベクトルの目的を一時に求めている点で、フットサルの持つ影響力の強さと広さを感じることができ、また、ここに将来の貧困やホームレス問題の解決に向けた糸口を見つけられれば、フットサルの力が再度、見直される日も遠くはないだろう。

第３章
社会の変化に対応する

1.「東洋のパリ」の現在

カンボジアの学校建設

皆さんは、カンボジアという国にどのような印象を持たれているだろうか。貧困、孤児、地雷、虐殺など、あまりいいイメージを抱かれることはないのかもしれない。数年前にあるテレビ番組の企画でカンボジアに学校が建設された。この時期、筆者は、たくさんの人々に「あの企画についてどう思うか」ということを聞かれた。この質問をした人たちはおそらく、「建設された学校はきちんと使われるのだろうか」、「本当にカンボジアの人々の役に立っているのだろうか」ということに疑問を持っていたと思う。さらに意地悪な見方をすれば、「芸能人が売名行為として学校建設を使っているのでは」や「素人が気軽に手を出して大丈夫なのか」ということを聞きたかったのではないだろうか。筆者は、その度に「おそらく役に立っています。もしよろしければあなたも建てて下さい」と答えていた。実際に、現在もまだまだ学校は足りておらず、寄付をする側にさまざまな動機や思惑があったとしても、カンボジア政府や親、子どもたちにとって「家の近くに」学校が建つことはとても嬉しくありがたいことである。

写真３－１　小学校の校舎

カンボジアで四つから五つの教室を持つ校舎を一棟建てるのに五〇〇万円から六〇〇万円がかかる。近年は資材価格が高騰しているため、もう少し必要かもしれない。カンボジア政府は、一九九三年に新しい教育制度を導入して以降、校舎建設などの学校インフラの整備は、国内外からの援助に積極的に頼ることとしてきた。そのため、外部者が校舎を建てた場合、そこに公務員として教員を雇い、子どもたちを通学させるのはカンボジア政府の役割であり、善意で建てられた学校に政府の責任で速やかに教員が配置され、近隣の子どもたちが通学し始める。すなわち、作った学校が現地で感謝され、将来にわたって使われ続けることが政府によって保障されているのである。これが学校建設に多くの援助が入った最大の理由であるが、もちろん、国内のどこに建設してもいい訳ではない。学校を寄付したいと思ったら、事前に教育省の出先機関である州の教育局と折衝し、学校の建設地を決めることとなる。

教育と経済発展

カンボジアでは、ポルポト政権と続く内戦の後、校舎も先生も教科書も何もかも足りない状況で、国際社会の援助を受けながら、就学率の向上、すなわち子どもたちが学校に通い、教育を受けられるようにするために多くの関係者が尽力してきた。努力の甲斐あって、初等教育の就学率は急激に向上したが、中学校、高等学校への就学率は、二〇〇〇年時点で一七%しかなかった。しかし、二〇〇五年には三五%に、二〇一〇年には四六%（UNDP, Human Development Index）にまで上昇し、地域差はあるものの都市部での中等教育課程への進学は一般的になりつつある。

未だ、教員の給与は低く、副業を持たなければ生活できなかったり、教育費は無料であるが、制服や教材などにかかる費用が負担できない家庭があったりと、教育に関わる課題は山積している。しかし、一九九三年の新教育課程の開始から二〇年。新しい初等、中等教育を受けた世代が労働市場にデビューしたのと時を同じくして、首都プノンペンを中心に急激な経済成長が始まっている。隣国ミャンマーの民主化や、世界が市場としての東南アジアを意識し始めるなど、外部要因の影響はもちろん無視できない。しかし、子どもたちが発達段階に応じた教育を受け、国を担う人材を長期的に育成することこそが経済成長に結びつく。この誰もが当然のことと理解しているが、開発途上国では実現が難しい長期的な「開発」をカンボジアは体現している。

カンボジアの急激な経済成長を担った一大分野が「観光業」である。元々、世界遺産の「アンコールワット遺跡群」を有しているが、世界遺産というだけでは、負の歴史のイメージは払拭できず、海外からの観光客を呼びこむことは難しい。しかし、カンボジアの観光業は、貴重な文化遺産を活かし、さらには、「人」を中心とした業界全体の努力によって国の経済をけん引してきた。本章では、観光業界における人材育成やコミュニティエンパワメントに大きく貢献したと推察されるユニークなサッカーリーグについて、リーグの発展の軌跡と社会に与えたインパクトに焦点を絞って紹介する。開発途上国の社会が発展の波に乗っていく際に、新しい社会をつくる起爆剤となったサッカーの強い力を感じていただけるだろう。

表3-1　人間開発指数によるカンボジアの状況（カッコ内は日本の数値）

一人あたりGDP：2,080US$	〔30,660US$〕
出生時平均余命：63.6才	〔83.6歳〕
15歳未満の人口：41.9%	〔14.3%〕
65歳以上の人口：2.9%	〔18.2%〕
改善された水源を継続利用できない人口：70%	
保健医療への公的支出：2.6%	〔7.8%〕
若年層（15-24歳）識字率：77.6%	
初・中・高等教育の総就学率：46%	

（出典：UNDP（2013）"Human Development Report"）

一度は行ってみたい観光地

カンボジアは、正式には「カンボジア王国」であり、タイ、ラオス、ベトナムと国境を接した東南アジアの仏教国である。一九六〇年代には、成熟した街と豊かな自然を有し、「東洋のパリ」といわれる美しい国であった。現在は、日本の約二分の一の国土に約一、三四〇万人が暮らしており、年間一人あたりGDPは二、〇八〇USドル（二〇一一年）、成人識字率は七七・六%（二〇〇八年）と未だ開発途上にある国の一つである。

カンボジアは世界に名だたる世界遺産「アンコールワット遺跡群」を有している。日本では、旅行のパンフレットなどに「カンボジア」ではなく、「アンコールワット」と記載されているため、貧困に苦しむ国カンボジアとアンコールワットで有名なカンボジアが結びつかない人もいるかもしれない。国際的に有名な旅行情報サイト『トリップ・アドバイザー』

写真３－２　アンコールワット
（提供：Sports Flight）

が発表する「行ってよかった海外観光スポット二〇一三」で、「アンコールワット遺跡群」は、三年連続世界一に選ばれた。近年では、日本でも徐々に人気が出始めているが、韓国、中国、欧米諸国からの観光客の増加の勢いは日本の比ではない。

カンボジア政府の発表によると、一九九四年に年間約一八万人であった観光客数は、二〇〇四年に一〇〇万人をこえ、二〇一三年には、四二〇万人を突破した。アンコールワットが位置するシェムリアップ州内のホテルの数は、一九九七年に五七軒だったものが、二〇一二年には四〇〇軒をこえた。この増加に伴って、ホテルや観光業界で働く人々も急増し、とくに外資系の大型ホテルが開業した二〇〇四年以降は、シエムリアップ州の農村部や州外からも多くの人が働きに来ている。

貧困と経済発展

カンボジアは、二〇〇〇年以降、観光業をはじめ、繊維縫製業、建設業などにけん引されて年平均六％の経済成長を続けている。しかし同時に、就労人口の約六〇％が農業に従事しているため、二四ある州／特別市の産業構造によって発展の度合に差が生じ、また、同じ州内でも都市、農村部での差が拡大しつつある。シェムリアップ州の貧困が厳しい現状は、観光地の華やかなイメージがあるためか、カンボジア国内でもあまり認知されていない。しかし、州の一部は、ポルポト派が長く影響力を保った地であり、道路や水道といった生活インフラが不足している地域も多いことから、州の中央を通る国道六号線を境に、北部六州と南部の六州の間の格差が大きいのが実態である。

図３－１は、少し古いものであるが二〇〇七年のカンボジアの経済状況を示した地図である。地図の中央に近い左上、トンレサップ湖に面したところがシェムリアップ州であるが、州の北部は一目瞭然に色が濃く、すなわちこの地域の七五％以上の人が、カンボジア政府が定めた貧困ラインである一人一日あたり〇・二七USドル以下で生活しているということである。貧困ラ

インとは、各国政府が自国の物価や生活状況に応じて定めた「最低限の暮らしができるライン」であり、国際社会が「最貧」としていた一人一日あたり一USドルよりもさらに低い水準である。カンボジア政府は、二〇〇七年時点で国内の貧困ラインを、都市部は一人一日あたり〇・三二USドル、農村部は一人一日あたり〇・二七USドルと定めていた。

貧しい国か豊かな観光地か

カンボジアは、経済的に貧しい国なのか、観光資源を有する豊かな国なのか。答えは、どちらもイエスである。カンボジアは、一九七〇年代のポルポト政権時代とその後の内戦の影響を受けて、東南アジアで最貧といわれ

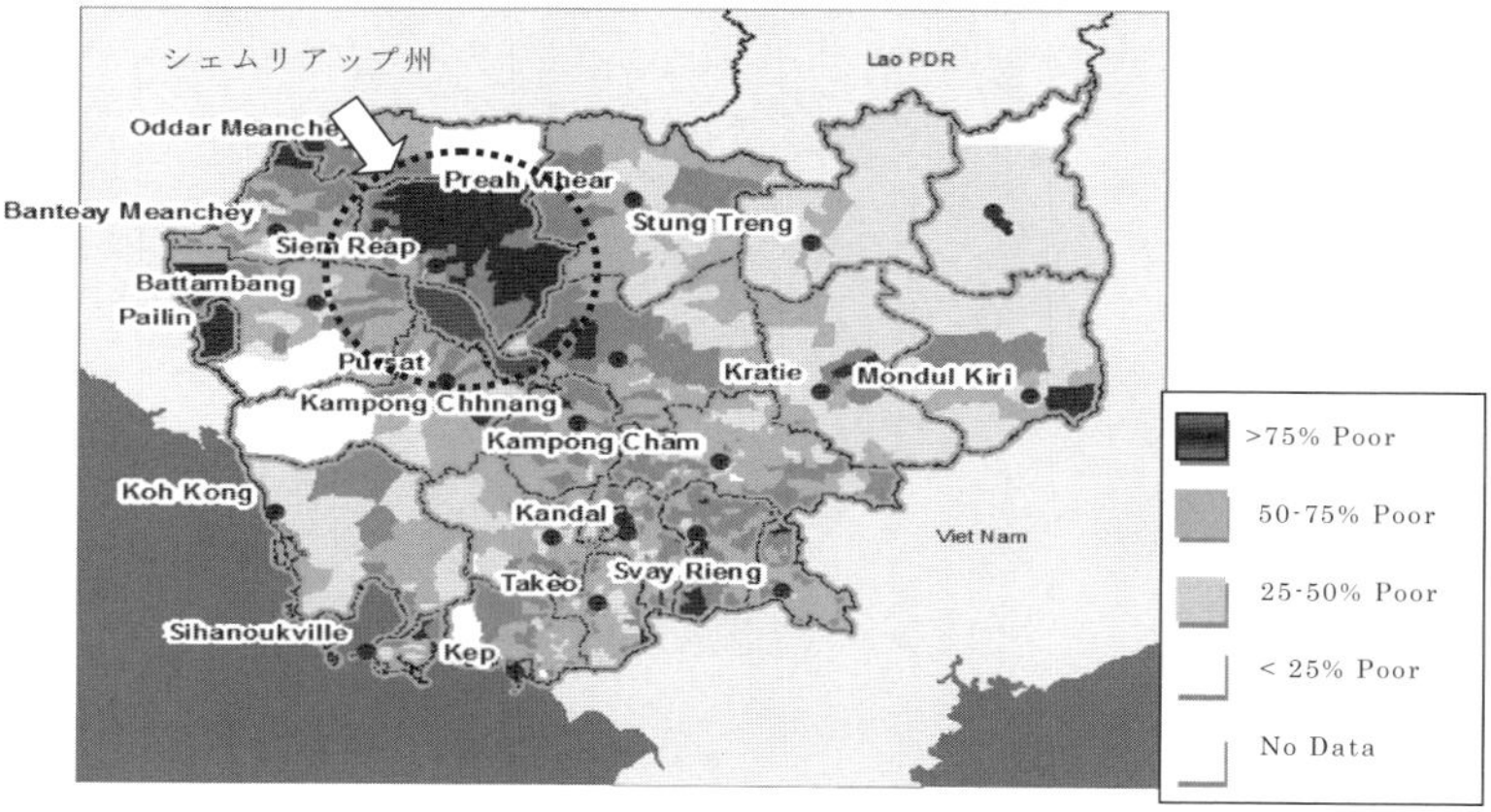

図3-1　カンボジア国内の貧困レベル
（出典：Danida（2007）"The Atlas of Cambodia" P.13を元に筆者作成）

る国の一つになり、二〇一三年現在でも海外の開発機関から多くの援助を受けている。一九七〇年代のポルポト政権下で、正確な人数は資料によって異なるものの、約二〇〇から三〇〇万人が虐殺の犠牲となった。一九七八年の政権交代後も国内の混乱は続き、国の一部で続いていた戦闘を避けた多くの難民がタイ国境沿いに流出した。これが日本でも報道され、多くの国際協力NGOの誕生のきっかけとなった「インドシナ難民問題」である。

一九九一年に国際社会の協力の下で「パリ和平協定」が締結され、国連の暫定統治を経て、新生カンボジアが誕生した。しかし、ポルポト政権時代に政治家、官僚、医師、弁護士、教員、芸能人、スポーツ選手など国民の思想に影響を与える可能性があるとみなされた人の多くが虐殺の対象となったことから、さまざまな分野を担う人材を失っていた。現在は、博物館として公開されているツールスレン刑務所（S-21）には、約一万五、〇〇〇人が収容され、八人しか生きて帰ることができなかったといわれている。

国を担う多くの人々を失った代償は大きく、国の復興、開発を妨げる重い足かせであったが、国の再生開始から二〇年が経過し、二〇代、三〇代にかかる期待と役割が拡大し始めた。とくに急成長を遂げた観光業界では人材不足が顕著であり、アンコールワットの玄関口であるシェムリアップ州の中心部には、州内のみでなく、全国から高校を卒業したばかりの若者がたくさん働きに来るようになった。しかし、農村部から出てきた若者の中には、新しい近代的な生活

写真３－３　ツールスレン刑務所（S-21）

への適応が難しく、心身の調子を崩す者が少なくない。若者たちは、生まれた場所で有していた伝統的な価値観や倫理観、生活習慣までをも変えることが求められ、急激な変化に対応できないためにドラッグ、ギャンブル、アルコールなどに依存する者もいる。その人数が多いために、シェムリアップ州、観光業界は黙認することが難しく、危急の対応が必要とされている。

若い従業員は、一九九三年の新憲法公布後に新しい教育を受けており、一方で、彼らの上司である管理職は、一九九三年以前、すなわち社会主義国であった時代の全く違う内容の教育を受けている。一九九三年を境に教育理念、制度、内容等の全てが変わっており、現在では、一九九三年以前の教育は「外国の教育」といわれるほどである。管理職と若い一般従業員の間で、教育内容の違いを原因とする表だった難しさはないものの、微細な考え方の違いは見られ、世代間のコミュニケーションの円滑化には各企業が力を入れている。

急速な発展は、個人や家族の間、都市部と農村部での間の経済状況や生活様式の違いを表面化させ、このことが新たな社会問題を生むこともある。現代のカンボジアには、ＨＩＶ／エイズ、麻薬、児童労働、トラフィッキング、若年者の性搾取など、多くの地球規模の課題がおりのように沈殿している実態があり、経済成長を栄養分としながらますます拡大しているものもある。経済成長の闇の部分であるために、人も国も当事者以外は問題の深刻さを認識しておらず、複数の問題が絡まりあうために解決には時間がかかる。

悲しい歴史を経て、国の開発へと向かうカンボジアでは、経済成長を動力とした力強い歩みがみられる一方、和平協定の締結後二〇年を経た今でも、さまざまな課題が負の遺産として残存している。これらの課題から目を逸らさずに解決に取り組みながら、同時に経済成長を目指してこそ、一人一人の国民の真の豊かさが見えてくるであろう。

貧しさの中でのサッカー

一九六〇年代のカンボジアは、他の社会主義諸国の例にもれず、国を挙げてジュニア世代か

写真3－4　旧シェムリアップスタジアム

らの強化を行うスポーツが盛んな国であった。カンボジアサッカー連盟（Football Federation of Cambodia: FFC）のＦＩＦＡへの加盟は一九五三年であり、一九六〇年代には国内で多くの大会が開催された。この時期のナショナルチームは国際大会にも出場していたが、一九七二年のアジアカップ四位入賞を最後に一九九六年までの二四年間、国際大会から遠ざかった。この間にカンボジアは、サッカーやスポーツに関わる全ての財産を失ったといっても過言ではない。

今から約一五年前の一九九八年、新生カンボジアのスタート後五年が経過した頃のことである。シェムリアップ州は、中心部の一等地に大きなスタジアムを有していた。一九六二年に作られたもので、誰でも予約せずに使用できたことから、比較的涼しい早朝や夕方に多くの若者が集まり、サッカーに興じる姿が見られ始めた。若者世代には、校庭で「遊び」としてサッカーをしていた者が多く、身体の成長や経済的な自立と時を同じくして国内のサッカー熱が高まっていった。結果として、若者が自分たちでチームを作り、練習を行い、他のチームと対戦することが、一種のムーヴメントとして急速に国内に広がっていった。このような現象は、時期は異なるものの世界各国で見られており、カンボジアにおいてもサッカーは、都市部、農村部に多少の違いはあったものの、いつの間にか全国的に多くの人が愛好する身近なスポーツとなったのである。

追い風となったのは、二〇〇二年日韓ワールドカップである。ちょうど各家庭にテレビが普及し始めた時期であり、国営放送が一局であったことから、多くのテレビには最初から衛星放送が導入されていた。人々は、昼夜を問わず流され続けたワールドカップで、世界最高レベルの試合を楽しみ、触発されてサッカーを始める者がたくさん現れた。また、この頃は、学校や地域において気軽にスポーツをする機会が少しずつではあるが増加した時期でもあった。娯楽の種類が多くないカンボジアにおいて、また、余暇の時間は取れても費やすお金を持ち合わせていなかった若者たちにとって、サッカーは単なるスポーツの一つとしてのみでなく、皆で熱中できる余暇活動として恰好のものであった。

2．企業スポーツの芽生え

シェムリアップホテル・観光業フットボールリーグ

シェムリアップホテル・観光業フットボールリーグ（Siem Reap Hotel and Tourism Football League: SHTFL）は、二〇〇四年に設立されたシェムリアップホテルフットボールリーグ（Siem Reap Hotel Football League: SHFL）を前身としている。ＳＨＦＬは、二〇〇二年に行われたホテル間の友好親善試合をもとに、八名の発案により創設された。リーグには、①州内のホテルをはじめとした観光業界で働く者（三か月以上勤務し、現在も従業員である者）で構成され、②一シーズン二五〇USドルの参加費を支払ったチーム、が参加することができる。二〇一三年六月には、一〇シーズン目の大会が一六チームにより行われた。

ＳＨＴＦＬの規約によると、リーグの目的は、「カンボジア国内で目覚ましい発展を遂げつつあるサッカーというスポーツの分野において、技術の高い近隣国のチームのように更なる進歩を図ること、各ホテルとそのスタッフが団結し、心身を健全に保つとともに友情を育むこと、また政府の意向に則り、州内のサッカー分野のより一層の繁栄に役立つことを目的とする。よって、本リーグは、シェムリアップ州の各ホテルが密接な友好関係を築くこと、そしてとくにシェムリアップ州が、ホテル、観光、スポーツの町であると内外にアピールすることを目的としており、市民としてその成功を願うものである」とされている。

現在は、二組で予選リーグが行われ、勝率と勝ち点によって各組四チームが決勝トーナメントに進む。決勝と三位決定戦が同日に行われ、試合後に閉会式が行われている。大会は、毎年、カンボジアの観光業界で「ローシーズン」と呼ばれる比較的観光客が少ない六月から七月の約二か月間をかけて行われている。

図3－2　SHTFLロゴ
（提供：SHTFL委員会）

設立から一〇年を迎えた今日、組織、運営面が整備され、競技レベルも格段に上がったことから、ＳＨＴＦＬは、立派なサッカーリーグへと発展を遂げた。しかし、リーグを開始した当初はさまざまな問題が噴出し、時にはその存亡も危ぶまれるほどの紆余曲折があった。大会運営に必要なノウハウの蓄積や、経験を有する人材が皆無の状態で行われるサッカー大会が抱える問題は、私たちの想像が及ばないものであり、問題への対処を通じてサッカーの知らざれる特性が見えてくる。ここで、ＳＨＴＦＬの誕生の経緯か

表3-2　2013年大会の結果の一部

Match	Date	Team	Score	Team	Pool	Time	Location	Remarks
44	27-Jun-13	Apsara Authority	0-2	Somadevi Angkor Hotel & Spa	A	14h 00mn	SR Stadium	
45		FCC Angkor Hotel & Restaurant	0-1	Mother Home Inn	B	16h 00mn	SR Stadium	
46	28-Jun-13	Raffles Grand Hotel D'Angkor	3-2	Sofitel Angkor Phokeethra	A	14h 00mn	SR Stadium	
47		Cambodia Airports	9-0	Khemara Angkor Hotel & Spa	A	16h 00mn	SR Stadium	
48	1-Jul-13	Apex Cambodia	2-2	Pacific Hotel	B	14h 00mn	SR Stadium	
49		Pavillon d'Orient	0-1	Raffles Grand Hotel D'Angkor	A	16h 00mn	SR Stadium	
50	2-Jul-13	Sofitel Angkor Phokeethra	6-1	Artisans d'Angkor	A	14h 00mn	SR Stadium	
51		Victoria Angkor Resort & Spa	1-2	Mother Home Inn	B	16h 00nm	SR Stadium	
52	3-Jul-13	Grand Soluxe Angkor Palace	3-2	La Résidence d'Angkor	B	14h 00mn	SR Stadium	
53		Cambodia Airports	0-0	Somadevi Angkor Hotel & Spa	A	16h 00mn	SR Stadium	
54	4-Jul-13	Khemara Angkor Hotel & Spa	2-2	Apsara Authority	A	14h 00mn	SR Stadium	
55		Cambodia Hui Huang Travel	2-2	FCC Angkor Hotel & Restaurant	B	16h 00mn	SR Stadium	
56	5-Jul-13	Victoria Angkor Resort & Spa	6-1	Pacific Hotel	B	15h 30mn	SR Stadium	
Quarter Final								
57	15-Jul-13	Raffles Grand Hotel D'Angkor	3-1	Apex Cambodia	Q1	15h 30mn	SR Stadium	Voted on 5th July 2013 at Svaythom Stadium
58	16-Jul-13	Pavillon d'Orient	6-1	Grand Soluxe Angkor Palace	Q4	15h 30mn	SR Stadium	
59	17-Jul-13	Cambodia Airports	1-4	Victoria Angkor Resort & Spa	Q3	15h 30mn	SR Stadium	
60	18-Jul-13	Somadevi Angkor Hotel & spa	6-7	Mother Home Inn	Q2	15h 30mn	SR Stadium	
Semi Final								
61	24-Jul-13	Raffles Grand Hotel D'Angkor	2-1	Mother Home Inn	S1	15h 30mn	SR Stadium	
62	25-Jul-13	Victoria Angkor Resort & Spa	1-0	Pavillon d'Orient	S2	15h 30mn	SR Stadium	
Final								
63	1-Aug-13	Mother Home Inn	0-6	Pavillon d'Orient	F1	13h 30mn	SR Stadium	Closing Ceremony
64	1-Aug-13	Raffles Grand Hotel D'Angkor	1-4	Victoria Angkor Resort & Spa	F2	15h 30mn	SR Stadium	

（出典：SHTFL委員会）

ら発展の過程を丁寧に見てみたい。

サッカーブームからＳＨＴＦＬの誕生へ

前述のように一九九〇年代の後半から、カンボジアのサッカーブームは始まった。しかし、数年間は、あくまでも遊びとしてのサッカーであり、シェムリアップ州でも人々が三々五々集まり、その場で試合をするだけであった。しかし、二〇〇二年頃から州立スタジアムの郊外移転の話が本格化し、チームとしてではない活動であるがゆえに、日常的に行っていたサッカーの場が失われることへの人々の危機感が高まっていった。

その頃、数名のホテルマンは、前述のように増加する若い社員とのコミュニケーションの問題に頭を悩ませていた。ＳＨＦＬは、異なるホテルの八名の管理職によって設立されたが、彼らは、一九九〇年代には同じホテルの従業員であった。この時期、州内の大型ホテルは、「グランドホテル（現在のラッフルズグランドホテル）」一軒のみであり、このホテル内では、従業員のコミュニケーションの円滑化を目的に部署対抗のサッカー大会を行っていた。

二〇〇〇年代に入り、部屋数二〇〇をこえる大型ホテルが続々と開業した際に、このホテルで中心的な役割を果たしていた従業員は、次々と転職していった。彼らは、各々の新しい職場

写真３－５　ラッフルズグランドホテルダンコール

で管理職として働き始めたが、さまざまな問題に直面して解決策を模索した結果、グランドホテル時代に行っていたサッカー大会を思い出した。サッカーの試合をすることで、世代間のコミュニケーションを図ることはもとより、健全な余暇の時間を従業員に提供することができる。また、各従業員が心身のバランスを保ち、従業員同士の友情や企業に対する誇りを形成することができると考えられた。さらに、急速な経済発展の渦の中で、過度の金銭重視の風潮に警鐘を鳴らし、ホテルのスタッフの間の競争意識を適度に抑制することにより、地域の観光業の発展に必要な「ホスピタリティ」を自然な形で醸成することが期待されたのである。

これらの問題意識は、ＳＨＦＬ設立メンバーの情報交換の中で形作られていった。若い管理職たちは、料飲、客室部といったホテルの裏方業務や人事部門の者が多く、彼らは、外国語やパソコンのスキルに長けた高学歴の従業員のみでなく、清掃や調達業務といった裏でホテルを支える一般従業員の管理も任されていた。これらの部署には、若い世代が多いが、彼らのような一般従業員のレベルアップなくして、カンボジアのホテル業界の発展はないと考えられた。そして、出身地や時には文化も異なる従業員たちを中心に据えた観光業の未来を考えた結果、本来は必要ではないであろうライバル企業との連携が模索されたのである。

SHFLの設立メンバーは、将来の地域全体の観光業の理想的な発展のイメージや若い従業員に対する強い思いを持っており、高い理想を実現する具体策としてサッカーリーグを用いることにした。余談であるが、彼らのような社会における一定レベルの成功者は、国内で"Successful People"と呼ばれており、カンボジアの国教である仏教の影響もあるのだろう、古くから根付く価値観として、次世代を担う子どもや青少年、国や地域の将来を考えることを自らの責務と考えている者がとても多い。筆者が出会ったホテルの管理職の人たちも、家に部下を招いたり、パーティを開いたりと、従業員やその家族とコミュニケーションの機会を大切にしていた。

FCC
www.fcccambodia.com
FCC Angkor Football Team
orld Acclaimed
LAGER BEER

写真３－６　2008年大会閉会式の様子

ＳＨＴＦＬの始動

二〇〇四年に設立メンバーの内の三名が会合を開き、ＳＨＦＬ設立に向けて始動した。設立に当たっては、州教育局のスポーツ行政官のアドバイスを受けて、ＳＨＦＬの理念、目的、試合の方法、ルールの適用、選手登録の方法、予算規模と使途、などを示した規約が作成された。その後、各ホテルへの参加の打診を経て、参加希望ホテルの代表者による第一回会合が開かれた。各チーム数名の代表者が集まったが、このようなインフォーマルな組織を立ち上げる経験をしたことのある者は一人もおらず、スポーツ行政官は、後にこの時の様子を「彼らは熱心であったが、素人の集まりでとても組織化が実現するとは思えなかった」と懐述している。

その後も会合が重ねられ、参加資格や選手登録の方法、委員会内の連絡方法や会計管理の方法、会費の額や支出計画、賞金などについて、設立メンバーが準備した原案をもとに話し合われた。多くのチームが、総支配人や他の管理職の理解、練習時間と場所の確保、ユニフォームやサッカーシューズの準備、などの課題を解決する必要があり、第一回ＳＨＦＬは予定より三週間ほど遅れて八チームで始まった。会場設営や選手登録など、全ての者が未経験であったため、「遅れて始まった上に、サッカー大会とはいえない状態で、サッカーの試合のために集まっただけ」と表現されるようなお粗末な大会であった。

大会の開催に当たっては、各チームからの二名の代表が委員としてさまざまな調整をすることになっており、第一回大会は、一六名で構成されるＳＨＦＬ委員会によって運営された。

大混乱の第一回大会

会場となった州中心部の旧スタジアムは水はけが悪く、雨期に行う大会への影響は必至であったが、とくにこの年は「プール」と評されるほどフィールドの状態が悪かった。そのため、選手同士の衝突や転倒が続発し、また、試合中に言い争いや殴り合いが頻繁に見られ、集まった観客からは「水中ボクシング」と揶揄されていた。選手名簿に登録していない「近所のお兄さん」が飛び入りで試合に参加することも日常的に起こり、公式試合の形態は全く保たれていなかった。審判はおらず、試合の開始時刻も終了時刻もばらばらで、得点がきちんと記録されていない試合もあるほどだった。

これらの問題は、ＳＨＦＬによる大会運営の未熟さに加えて、今日とは比較にならないほどサッカーのプレイのレベルが低かったことにも原因がある。競技環境、大会運営、試合のどれをとっても、あまりにも理解している者が少なく、何か事件が起こるたびに「話し合い」と称した言い争いが延々と続けられた。試合時間のほとんどがフィールド外で費やされたこともあ

写真３－７　雨の中の試合
（提供：SHTFL委員会）

り、一部の試合の勝敗はサッカーではなく、「争い」によって決められた。

　ＳＨＦＬ委員会は、混乱の中で終了した第一回大会の後に定期的な連絡や会合を続け、翌年の大会に向けて大幅な規約の改正を行った。とくに代理選手の出場や応援の際の注意事項、暴力を原因として起こる混乱を防ぐためのルールが細かく規定され、この過程はＳＨＦＬ委員の間で「ルールによって物事をおさめることを学ぶいい機会」と認識されていた。カンボジアでは、職位や立場などが上の者のいうことが不正であったり、間違っていたりしても、従うのが当然と考える風潮がある。同時に年長者を敬う慣習もあり、人々が自分の主張や行動を通す時に、悪いと分かっていながら「ずるをする」ということが頻繁に起こっていた。立場や年齢に関係なく、同じルールに従って物事を収めていくことは、当時は、多くのカンボジア人にとって初めての経験であった。

ルールを細かく規定すると同時に、一部のホテルでは、SHFL委員やチームの代表者の部署移動が行なわれるなど、円滑なリーグ運営に協力するための体制が整えられた。例えば、あるチームでは、SHFL委員が人事部長であったために、サッカーでの活躍によって人事に影響が出たり、また逆に、日頃の勤務態度によって試合のレギュラーが決められるのではないかという疑念を抱かれたりしていた。もちろん、このようなことはなかったのだが、元は社員の福利厚生もSHFLの目的であったにも関わらず、SHFLへの参加が業務に負の影響を及ぼした皮肉な例である。ポジティブな理由、ネガティブな理由の両方があったが、SHFLに参加した多くのホテルが「翌年こそは成功させよう」という強い思いで、企業ごとにできる努力をしていった。

そして現在

二〇〇四年より毎年開催されているSHFLは、二〇一〇年に参加対象をホテル業界から観光業界全体に拡大し、SHTFLへと名前を変えた。各チームは、従業員の参加希望や業務と

写真3－8　新シェムリアップスタジアム

の兼ね合いなどを勘案して、毎年、参加・不参加を決めるが、二〇一三年大会には一六チームが参加した。二〇〇七年からは、選挙によってＳＨＦＬ役員（会長、副会長、書記、事務局長）が選出され、会計報告も開示されていることから、運営は徐々に民主的な形へと発展している。

サッカーのレベルも格段に上昇した。ＳＨＦＬがスタートした二〇〇四年に中学一年生であった者たちは、二〇一三年には二一歳になった。ＳＨＴＦＬの中心を担う世代であるが、彼らは子供のころからサッカーに慣れ親しんでおり、学校のチームに所属していた者も多い。近年では、高校で優秀な成績を残した有力選手をＳＨＴＦＬに参加する企業が優先的に採用することもあり、日本でいう実業団スポーツの様相を呈してきた。もちろん、採用の際に有利とい

写真３－９　2013年SHTFLの模様①
（提供：SHTFL委員会）

写真３-10　開会式

うだけで、就職後は他の社員と同じように業務に就くが、学生時代にサッカーの技術を磨くことによって、若者たちのあこがれである一流ホテルに就職できる道が開けたのは大きな変化である。

参加希望チームが増加し、各ホテルの応援団に加えて、近隣住民の観戦者が増加したことからも、ＳＨＴＦＬが地域にも浸透してきた様子が伺える。郊外に移転して作られた新スタジアムは、何年もの間、建設中の状態が続いているが、サッカー競技場は使用できるようになっており、「プール」といわれた旧スタジアムのグランドとは似ても似つかないよい状態で使用することができる。全ての試合に講習を受けた三名の審判が配置されるようになり、時にトラブルが起こるものの、多くの試合は粛々と行われるようになった。

3．ＳＨＴＦＬの活動からみえてくるもの

どんな選手が参加できるのか

ＳＨＴＦＬへの参加チームは年ごとに変わるが、時には、シーズン中に企業が業績悪化を理由に選手登録をしている従業員を解雇したり、無給での自宅待機を命じたり、倒産によってチーム自体が無くなってしまうこともあった。また、リーグ開催中に選手が離職、あるいは長期休暇を理由に登録を抹消するケースもあり、この場合、試合の三日前までにＳＨＴＦＬ委員会に届け出れば別の選手を登録することができる。

リーグへの参加の継続が難しくなるチームが現れる一方で、リーグ開始後の参加希望の問い合わせも断続的に寄せられる。ＳＨＴＦＬは、リーグ開始後の追加参加には応じていないが、リーグの開始時期の遅れや、参加継続が困難なチームに関する情報を得た外部からの問い合わせが後を絶たない。国内のサッカー人気の上昇とＳＨＴＦＬの観客の増加、とくに小規模な都市であり、他の余暇活動の選択肢が多くない中でのＳＨＴＦＬの盛り上がりを考えると、参加希望チームが増えるのは当然である。さらに期限や締切りに対して比較的ルーズなカンボジア

では、「だめもと」での参加の打診が時期を問わずに行われる。

大会期間中のチームの変動に加えて、SHTFLが新規参加チームを巡って、リーグの理念に関わる大きな決断をした時期がある。二〇〇九年のリーグ開始前に、ある旅行代理店からの参加の希望がSHFL委員会に寄せられた。委員会内での議論では、①ホテル業のみでなく他業種との交流が必要である、②とくに旅行業界の中での関係は重要である、③規約や運営に関する意見をもらえる、などの理由から参加を認める流れとなった。しかし、SHFLの設立時から運営のアドバイスを受けていた州の教育局が異業種の参加に反対したため、二〇〇九年シーズンから、これまでの「ホテルフットボールリーグ（SHFL）」から、「ホテル・観光業フットボールリーグ（SHTFL）」へと名称を変えるという名を捨てて実を取る変更を行った。

その結果、旅行代理店のSHTFLへの参加が認められたが、後に大きな問題を生みだすことになる。旅行代理店チームは、正社員のみでなく、契約社員であるフリーランスの観光ガイドを選手として登録していた。SHTFL委員会は、登録にあたって「正社員であること」を条件としておらず、この時点では問題はなかったが、数年後、他の旅行代理店が参加する際にトラブルが起こった。フリーランスの観光ガイドは、複数の代理店と契約しており、よって複数のチームの選手として試合に出ることを主張したのである。結局、選手が登録できるのは一チームのみとし、全ての選手が毎年、雇用証明と顔写真入りの身分証明書のコピーをSHTF

L委員会に提出することが規約に追加されて一件落着となった。当時のSHTFL委員長は、後にこの問題について、「ホテルについては、業態などを私たちの中できちんと理解ができていますが、他業種についてては何も分かりませんので、ホテル以外の旅行業界に門戸を開いた結果、コントロールが難しい問題が生じました。まず、チームリーダーが誰であるかはっきりしなかったのです。参加費を分担して払っていたこともあるのでしょう、自腹で参加していたのです。組織ではないためコントロールはとても難しかったです」（Moeng 2009）と述べている。

フェアプレイとは

カンボジアでは、二〇〇〇年代に「サッカーの試合に行くとボクシングの試合が見られる」といわれていた。実際に故意に足を上げたり、強く相手をつかんだりといったプレイが、SHTFLの試合の中でも日常的に行われており、ルールを守ることに対する意識の薄さや「何をしても勝てばいい」という勝利至上主義が試合の中で色濃く見えた。カンボジアの社会では、スポーツの場面に限らず不正やごまかしが行われることがあり、真偽のほどは分からないが、巷では現在でも、お金を払えば医者や弁護士にもなれるといわれている。実際、在カンボジア米国大使が「カンボジアは政府の汚職によって毎年五億USドルの資金を失っている。学校を二

写真3-11　2013年SHTFLの模様②
（提供：SHTFL委員会）

万校建てられる額だ」と発言したことが話題となったこともあり、政府機関を始めとしたさまざまな場所で、「汚職」や「賄賂」がみられている。新システムでの教育を受けた若い世代の中には、これらの不正を是としない者が増えているが、不正を暴いて正すより、黙認して平和裏に物事を収めようとする風潮がみられるのが現実である。

日常生活の場におけるルールの不遵守に加えて、スポーツの場では勝利志向が強く作用するため、フェアでないプレイや暴力的なプレイへと選手たちを向かわせる。「競技性＝暴力性」という図式で表わすことはできず、もし、そうであれば、オリンピックやワールドカップはトップレベルの暴力の場ということになってしまう。しかし、とくに開発途上国でスポーツが発展していくある段階においては、競技力の向上に伴って暴力性が高まるといういくつかの報告がみられている。小林は、ヴァヌアツの社会に「国際オリンピック委員会（International Olympic Committee: IOC）やＦＩＦＡの志向するサッカー」が浸透する過程において、「ＦＩＦＡ側は国際大会で求められる激しいコンタクトプレイを選手に要求する」（小林、二〇〇一）と指摘している。

国際基準となっているＦＩＦＡのサッカーを手本とすること、言い換えれば、それ以外のサッカーの見本を目にする機会がほとんどない環境においては、「攻撃的なプレイ」や「激しいコンタクトプレイ」と「暴力的なプレイ」が混同され、競技レベルの向上と比例して一時的に暴力性が高まることは避けられないのかもしれない。ＳＨＴＦＬ委員は、各々が異なる文脈でこの危険性を選手に伝え、競技レベルの向上とフェアプレイを両立するための試行錯誤を続けている。

審判の責任

なかなかフェアプレイが徹底されない背景には、審判の質の問題も大きく影響している。私たちは、審判を置いて試合を行うことを当然と考えるし、審判がいない場合には、「選手たちの自己申告」を審判の代わりに試合を行うこともある。しかし、ＳＨＴＦＬの試合ではそれは難しく、とくに競技レベルが上がり始めた二〇〇七年頃から、審判に端を発するさまざまな問題が噴出し始めた。二〇〇九年にＳＨＴＦＬ代表は、「今年生じた問題の多くは、審判から始まっていました。審判たちはプロではなく仕方ないのですが、いくつかの試合で片方のチームに肩入れをしているように見えるということがありました。私は、ＳＨＦＬの全ての試合を見ていますが、審判が出場している選手の特定のグループと以前から関係があって、例えば古い教え子であるとか、そうすると有利な判定をしています」（Moeng 2009）と問題を指摘している。審判の公平性は、接触プレイの判定の場面でよく批判されたが、それ以外にも、例えば、水を飲みにフィールド外に出た選手が警告を受けることなく、一発退場となるような理解不能なことも起こっていた。

シェムリアップ州の審判団は、州教育局の職員と近隣小学校、中学校、高校の有志の体育教員によって構成されている。レベルの差があるものの全員がサッカー経験者であり、州教育局職員あるいは体育教員になった後に、州内で唯一、ＦＦＣの公認審判員の資格を持つ者から審判講習を受けた。講習を受けた審判員は、最も若い者でも二八歳で、一九九三年以降の新教育課程での学校生活を経験していない。学生時代のスポーツ環境が貧弱であったため、多少なりとも充実した競技生活を送ってきたＳＨＴＦＬの主力世代とは、競技歴や知識の量が違う。

写真 3-12　シェムリアップ州公認審判

「審判達は、年齢は選手より上ですが、きちんとサッカーの技術を学んだわけではありません。今シーズン、何人かの選手たちが審判の判定を受け入れないということが頻繁に起こりました。審判の方が間違っていると主張したのです。何人かの選手は若いですが、たくさんプレイをしてきており、サッカーをよく知っています」（Sophy 2009）と説明されるように、サッカーレベルの雲泥の差が問題の根底に流れている。また、前述のように審判の方は、年長者を敬うことを是として育ち、選手たちはそのような考えが希薄であるという世代間の考え方の違いから、フィールドの外でのもめ事も起こりがちである。

審判の問題は、選手や観戦者のレベルが上がる一方で、スポーツに関わる周辺環境の整備の遅れが顕在化し、その差に起因する軋轢が生まれるというスポーツの象徴的な問題といえるだろう。審判の質への疑念が解消されない中で、SHTFL委員会は、「審判は常に中立の立場を取ること、選手は審判をリスペクトすること、出場チームは規約を遵守すること」(SHFL 2009)と全ての関係者が審判の判定を尊重すべきであるという方針を示し、委員会が費用を負担する形で審判の講習会を開催した。審判の質は、審判個人の問題とは言い切れず、一朝一夕にレベルアップが図れるものではない。当たり前のことかもしれないが、競技レベルと審判技術、周辺環境と関係者のモラルなど、あらゆる面での向上があってこそ、サッカーの発展があるということを再認識させられるできごとであった。

問題への対応

三つの問題を紹介したが、読者の皆さんはどう感じただろうか。このような問題は、私たちが普段見聞きしているサッカーの場では起こらない珍しいものであると思われるだろうか。筆者は、現れ方が違うだけで、国や時代が違ってもスポーツの場が普遍的に持つ問題が明示されているように思う。参加資格の問題、フェアプレイの問題、審判の問題など、どれもが小学生であろうと大人であろうと、初心者であろうとプロであろうと、さまざまなレベルで起こり得るような気がするのである。ＳＨＴＦＬは、これらの問題への対処として規約の厳格化を進めてきたが、その目的は、参加基準を厳しくすることによって特定のグループを排除したり、同レベル、同質の参加者のみでの運営を目指しているものではなかった。ＳＨＴＦＬは、「"Win-Win Strategy"を考えるのはとても重要なことです。あまり厳しすぎる規約を作ると、違反したチームは追放されることになります。ミスの種類にもよるのですが、説明をして規則を守ってもらうことで、参加を続けてもらうことが重要です」（Sophy 2009）と目指す方向性を示している。

グルーペは、文化とスポーツの関係を考える際に「よりよいスポーツを求めることは、スポーツ活動を行っている人間の自主性を認めず、その人間を操ることではない。また、スポーツから緊張やドラマ性、予測不可能性や活力を奪うものでもないし、道徳教育の場としたり、押しつけがましい健康教育の道具とすることでもない。むしろそれは、制御不可能なことの多いスポーツに発展の方向性を示し、誤った発達を修正し、スポーツを行っている人間に今後進むべき方向を示唆するものである」（グルーペ、二〇〇四）と述べている。ＳＨＴＦＬは、規約を改定したり、各チーム内での統制を行うなど、一見、厳格化を進めているようであるが、これまでに参加者個人や特定のチームに対して直接的に厳しい対応を取った事例は一件もない。ＳＨＴＦＬの示す方向性とは、よりよいスポーツを求める過程での修正を伴っており、独自の目的と帰結点を持っているように見える。ＳＨＴＦＬが、自らの発展の道筋を描いており、問題の解決策を模索しながら今後の進むべき道をはっきりと示していることが、ＳＨＴＦＬの活力や人気を年々高めている要因の一つといえよう。

4. 個人の幸せ、コミュニティの幸せ

ＳＨＴＦＬの存在意義

ここまで、ＳＨＴＦＬの活動と、発生した種々の問題を紹介してきたが、ＳＨＴＦＬの活動は、本当に従業員や地域の人々の役に立っているのであろうか。ＳＨＴＦＬのスタート時の目的であった参加者個人や観光業界、シェムリアップのコミュニティの幸福追求への寄与は果たされているのであろうか。もし、果たされていないのであれば、これだけ多くの苦労を乗り越えてまで、ホテル・観光業界がサッカーを行う意義が見当たらないことになる。単なる気晴らし、暇つぶしであれば、組織化をせずとも余暇活動として自由にサッカーの試合を行えばよい。

しかし、ＳＨＴＦＬの活動によって、個人やコミュニティのあらゆるレベルにおいてさまざまなよいインパクトがあったことが分かってきた。本節では、ＳＨＴＦＬの具体的な貢献を、選手個人と広義の意味でのコミュニティに分けて検証してみたい。

個人に対する成果

個人的な成果については、ＳＨＴＦＬに参加している選手たち本人に直接聞くのが最も確実である。筆者は、二〇〇八年八月から九月にかけて、この年の一〇チームの選手名簿登録者二〇八名と、比較の対象として、同じ一〇チームの選手以外の男性従業員に対して質問紙を配布した。この時点では、ＳＨＴＦＬではなくＳＨＦＬであり、若干古いデータにはなるが、①選手名簿登録者のうち長期休暇者及び、離職者八名を除いた二〇〇名、②同数の男性従業員二〇〇名、から回答を得ることができた。回答に統計的な処理を施し、分析を加えた結果を示していく。

まず、個人的属性であるが、選手・非選手（以下のカッコ内の数字は、選手、非選手の各々のカテゴリー間で占める割合）の年齢は、ともに二六歳から三〇歳が最も多く（四九・一％、四九・七％）、二一歳から二五歳が続き（三六・七％、三九・二％）、選手の最低年齢は一七歳、最高年齢は四〇歳、平均年齢は二六・三歳であった。職種は、一般職（飲食、清掃、施設、造園、ランドリー、設備管理、警備などの管理、接客以外の業務）が七〇％以上を占め（七五・一％、八三・六％）、接客（フロント、案内、コンシェルジュ、ツアーガイドなど）が続いて多く（一四・八％、一〇・三％）、管理（会計、経理、マーケティング、営業、人事、各課の管理職など）が最も少なかった（一〇・一％、六・一％）。最終学歴は、高等学校卒業者が半数以上を占めていたが（五八・〇％、六四・一％）が、カンボジアの二〇〇五年の高等学校の進学率は二四％と発表されていることから、対象者に占める高等学校卒業者の割合は非常に高い。公表されたデータがある訳ではないが、観光業従事者の学歴はおしなべて高い傾向にあり、さらに参加しているホテルの多くが四つ星、五つ星といった一流ホテルであることから、従業員の学歴が平均的に高いと推測される。全ての属性において、選手、非選手の間の有意な違いは見られなかった。

ＳＨＦＬへの参加による個人の幸福への寄与を図るために、Brown & Frankelが一九九三年に発表した「生活満足度」を測る指数を用いた。生活における満足度を「家族関係」、「友人関係」、「余暇活動」、「生活環境」、「経済的状況」、「健康状態」、「生活全般」の七項目に分けて質問し、回答に応じて総得点を出している。図３－３は、リーグに参加することによる生活満足への寄与、すなわち、リーグへの参加の度合いが上がれば上がるほど、生活満足度も上がるという仮説を示したものである。図中にある「参加」とは、リーグへの参加の度合いを示すもの

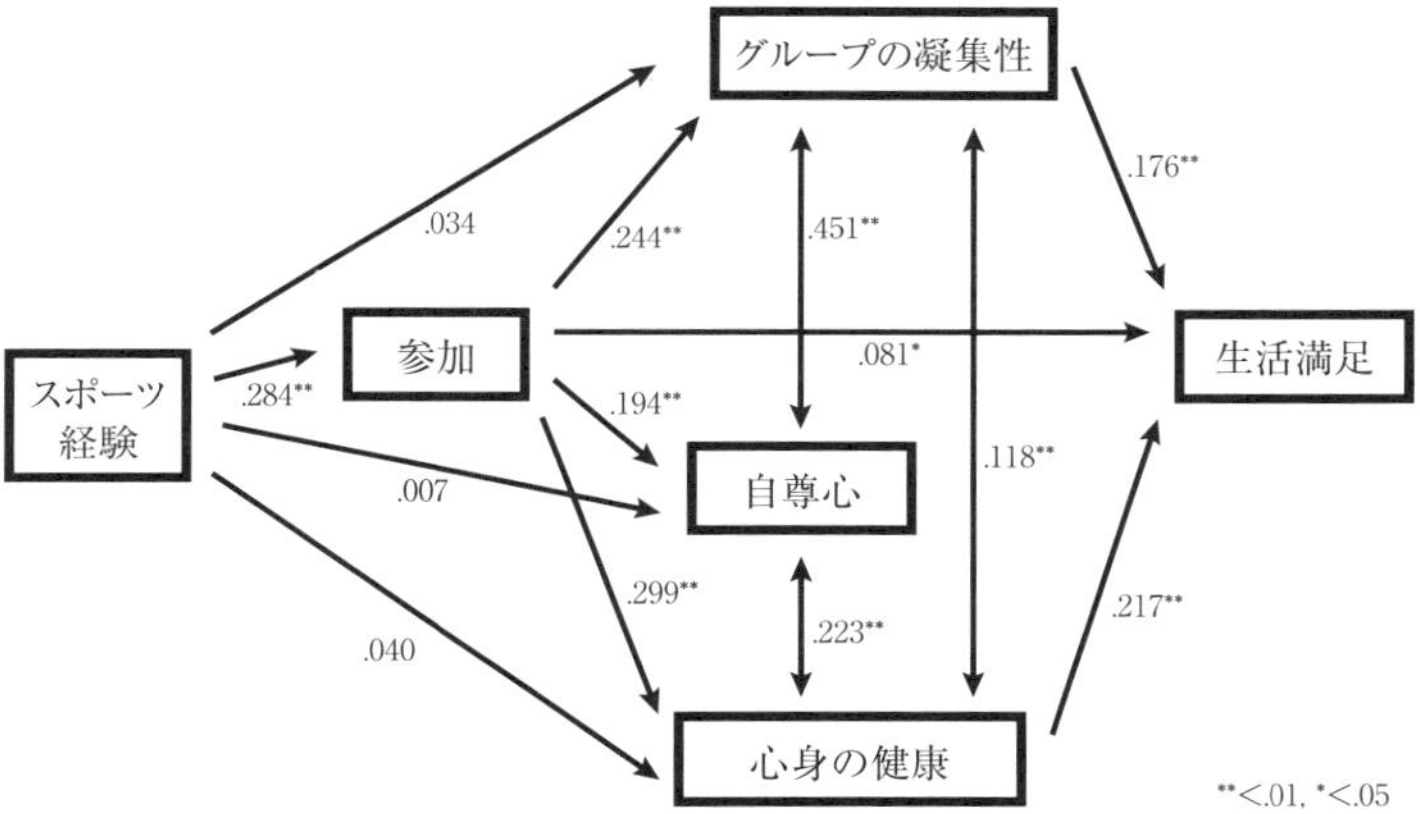

図３－３　SHFLへの参加の生活満足への寄与

で、練習の見学、試合の観戦、選手としての参加、運営への協力などの有無を聞いた回答を総得点で示している。「グループの凝集性（スタッフの団結）」、「自尊心（自信）」、「心身の健康」は、ＳＨＦＬの規約に示されたリーグの目的である。これらの目的を経由して、生活満足度の向上が果たされていることが明らかになれば、ＳＨＦＬの目標設定が的を射ており、また、そのことによって個人の幸福にいくばくかの影響が及ぼされたことが確認できる。

　重回帰分析の結果を示した図３－３を読み解く前に、ＳＨＦＬの選手と非選手の違いを明らかにしておきたい。選手か否かは、年齢などの個人的属性の影響を受けておらず、スポーツ経験のみに規定されていた。カンボジアでは、学校以外でスポーツ経験を積むことは近年までほぼ不可能であったため、年齢や地域ごとに差があることを想定していたが、今回の調査では有意な差はみられなかった。そのため、図３－３では選手・非選手をトータルした結果を示している。

図を左から見ると、まず、スポーツ経験の多い者ほど、リーグへの参加の度合いが高く、さらに参加を通じてグループの凝集性が高くなることが分かる。不思議なことにこれまでのスポーツ経験が多いからといって、「グループの凝集性」が高いわけではなく、ＳＨＦＬに参加することによって、チームワークなどの集団における「まとまり」への理解を深めたことが推測される。さらに、参加の度合いが高いほど、ＳＨＦＬが独自に定めた目標である「グループの凝集性」、「自尊心」、「心身の健康」の全てが高いという結果が出ている。リーグの目標が参加者の現状やニーズに合わせて設定されており、参加を通じてこれらの目標の全てが達成されているというＳＨＦＬにとっては喜ばしい結果である。最後に生活満足に対しては、「グループの凝集性」、「心身の健康」が影響を及ぼしており、それに加えて、リーグに参加することが直接的に個人の生活満足に影響していることも明らかになった。近年までのカンボジアでは、スポーツ実施の機会が極端に限られていたため、ＳＨＦＬに参加することそのものが価値のあるものと捉えられていたのであろう。

本調査の結果から、非選手、すなわち選手としてプレイを行わない者でもリーグへの参加を通じて生活満足を高めていることも明らかになった。これらの結果は、参加する個人の利益に関して、ＳＨＦＬが一定の成果を挙げており、そのことがひいては生活満足度の向上につながっていることを示している。ＳＨＦＬの存在意義が明らかになったが、一方で、選手として参加しても観客として参加しても、生活満足を高める効果は変わらないという予想と異なる事実も明らかになった。

各コミュニティにおける成果

「コミュニティ」を広義の意味で捉えると、ＳＨＴＦＬに参加するチーム内やＳＨＴＦＬ内、すなわち複数のチーム間の関係性で成り立つ場もコミュニティということができる。まずは、ＳＨＴＦＬに参加した「チーム」というコミュニティ内での成果を見てみよう。ＳＨＴＦＬに参加している複数のホテルにおいて、部署をこえたつながりが管理職間、一般従業員間、管理職と一般従業員の間で見られた。

かつては、八部署の関係はそれほど密なものではありませんでした。今は、知り合いが大勢いるという状況でとても親密でいい関係になっていると思います。例えば、他の部署で使ったトラックをまわしてもらうということで経費削減ができました。以前は部署ごとに（輸送会社に）頼んでいましたから。従業員同士の距離が近くなればなるほど、いい連携とスムーズな運営ができます。

（Rachana: 二七歳、清掃部門主任、チーム主将）

参加ホテルの多くは、大会期間中、週に一、二度ある試合ごとに多くの従業員を会場に送り、選手を応援している。選手のみでなく応援する従業員のシフトをやりくりし、バスや水が会社から提供されており、従業員と時にはその家族も観戦に出向くことが奨励されている。サッカーチームの試合結果は、「スタッフの中での中心的な話題」（Sambo 2009）であり、年齢、性別、出身地、部署などの垣根をこえた共通の関心事となっている。二〇代、三〇代の若い管理職が、SHTFLの話題を通じて「一九九三年以降の異なる制度下で教育を受けた若い従業員とのコミュニケーションを円滑にする」（Moeng 2009）という効果も認められている。

SHTFLというコミュニティ、すなわち異なるホテルに勤める従業員間の交流も密になった。元々、カンボジアの社会では、友達の友達はみな友達と考える人が多く、思わぬところで知り合いがつながっていることがよく起こる。他チームの選手に対しても同業他社に対して一歩引くという訳ではなく、どちらかというと同業種であるがゆえの親近感を持つように見受けられる。筆者は、ＳＨＴＦＬの試合で親しく話す選手たちが、実は初対面であったという場面に何度も遭遇しており、ＳＨＴＦＬの試合は、たくさんの同業種の友人を作るきっかけの場となるようである。

私たちの主目的の一つは、友好関係（フレンドシップ）の醸成です。それから、優勝が全てではないことを伝えるのがもう一つの目的です。でも一番は、やはり人間関係を作ることですね。選手だけでなく従業員もスタジアムに応援に行き、他のホテルの人たちと出会うことができます。

（Som: 二八歳、接客部門主任、チーム主将）

ＳＨＴＦＬ委員は、打ち合わせや大会準備のために他のホテルに日常的に出入りし、また、各ホテルの管理職は、試合の際に顔見知りになり、情報交換を行っている。

リーグが始まる前には、規約、ルール、賞、予算などさまざまなことを決めなければならないため、委員会が多く開催され、メンバーは頻繁に顔を合わせます。委員会途中の休憩や大会終了後の委員会の打ち上げパーティもありますので、お互いによく知っていること

写真３-13　2013年SHTFLの応援の様子
（提供：SHTFL委員会）

写真３-14　自分の会社のチームを応援するサポーター

になります。
（Moeng: 三〇歳、人事部長、副会長）

ＳＨＴＦＬに参加するホテルは、言うまでもなくライバル関係にある。現在でこそ、旅行代理店や空港などの「連携が可能な業種」も参加しているが、ＳＨＦＬの開始当初は全ての企業がホテルでありライバルであった。しかし、ＳＨＴＦＬに参加するライバル社が、競争論理の中で、互いに過度な敵対心を持ったり、無関心でいるよりは、地域の情報や将来像を共有することによって観光業界全体の底上げを図ることができる。これらのコミュニティにおける成果の可視化は困難であるが、ＳＨＴＦＬを媒体としたインフォーマルな形での連携が、地域社会全体に及ぼす効果は計り知れない。

5. 社会の変化とスポーツの形

観光業コミュニティの形

繰り返しになるが、ＳＨＴＦＬが行われているシェムリアップ州には、アンコールワットを目当てに国内外から多くの観光客が訪れる。これまでに発表された開発途上国の観光開発に関する研究では、一般的に観光業界と地域住民が良好な関係を築くことは難しいとされてきた。実際に、自然環境への配慮のない観光施設の建設や、安い賃金で地域住民を雇用しながら、高い価格を設定しているなどの理由によって住民の反発を招き、軋轢が生じる例は枚挙にいとまがない。

シェムリアップ州でも外資系企業がほとんどを占める観光業界と地域住民との間に、大小さまざまな問題が発生している。ＳＨＴＦＬは、地域住民と観光業界の間に摩擦があることを認めた上で、「私たちは活動を続けることで、一流ホテルが自分たちだけ儲けるつもりではなく、地域の発展に貢献したいということを伝えたい」（Sithen 2009）と考えている。州教育局の管轄下で行うサッカーリーグには、観光業が「地域のためである」ということをアピールし、観光業界の経済をけん引する力強さや健全さ、洗練されたイメージなどを国内で流行しているサッカーに投影しながら地域住民に伝える効果が期待されている。SHTFLは、リーグの全ての試合を地域に開放し、いつでも誰でも観戦できるようにしている。これによって、住民は少なくとも観光業界で働く人たちの姿を見ることができ、住民と観光業を結ぶ架け橋とまではいかずとも、「反感」を和らげる緩衝剤としてSHTFLが機能している。

江口は、「途上国内の社会的弱者が、自らイニシアティヴをとり、観光現象を逆手にとって、自分たちの生活・福祉の向上に観光を生かしていけるかどうかが、この人達の誇りを回復し、尊厳を持って生き残れるかどうかに大きく関わっている」（江口他、二〇一〇）と開発途上国の観光開発について分析し、その方法としてプロ・プアー・ツーリズムやコミュニティ・ベースト・ツーリズムといった新しい観光の形を提案している。ここでは全てを説明することはできないが、いうなれば観光開発の際に地域住民の生活向上を視野に入れることによって、観光業そのものの発展も狙うという考え方である。しかし、これらの新しい観光業の概念の中でも、観光の主体は観光資本と観光客の側にあることは変わっておらず、観光開発を行う外部者と開発途上国の住民の間には、避けることができない深い溝が横たわっている。

SHTFLは、活動によって地域住民が観光業界を身近に感じ、外資系企業やそこで働く従業員に対する親近感を持つことを目的の一つとしている。観光業への従事者と地域住民が同じ発展のイメージを共有し、さらには、地域住民がＳＨＴＦＬの試合の観戦を契機に観光業に何らかの関わりを持つことができれば、これまでさまざまな方法が検討されながらも困難とされてきた大型観光資本と地域が一体となった観光開発の理想に近づくことができるかもしれない。

カンボジア人は、観光業界に必要である「ホスピタリティ」を特性として持つといわれている。もちろん個人差はあるが、さまざまな国でホテルの人事部長を経験した者は、「カンボジア人は、私が赴任した他国の人達と比較して、最も観光業に向いている。ホスピタリティに加えて、礼節（Courtesy）を身に付けているからである」（Rayan 2009）と述べている。さらに三浦は、「カンボジア人は仏教徒が多く他人に喜ばれる事を好み、礼儀正しく、微笑みを絶やさない民族です」（三浦、二〇〇九）と述べていることからもカンボジア人と観光業の相性はとてもよいように思われる。ＳＨＴＦＬが採用したサッカーという手段を持って、地域の人々の観光業への関わり方を模索していくことは、ＳＨＴＦＬが目指す「観光とスポーツの街」の実現に向けて重要であるといえよう。

ＳＨＴＦＬによるコミュニティエンパワメント

ＳＨＴＦＬは、シェムリアップ州を「観光とスポーツの街」にすることを目標に独自の仕組

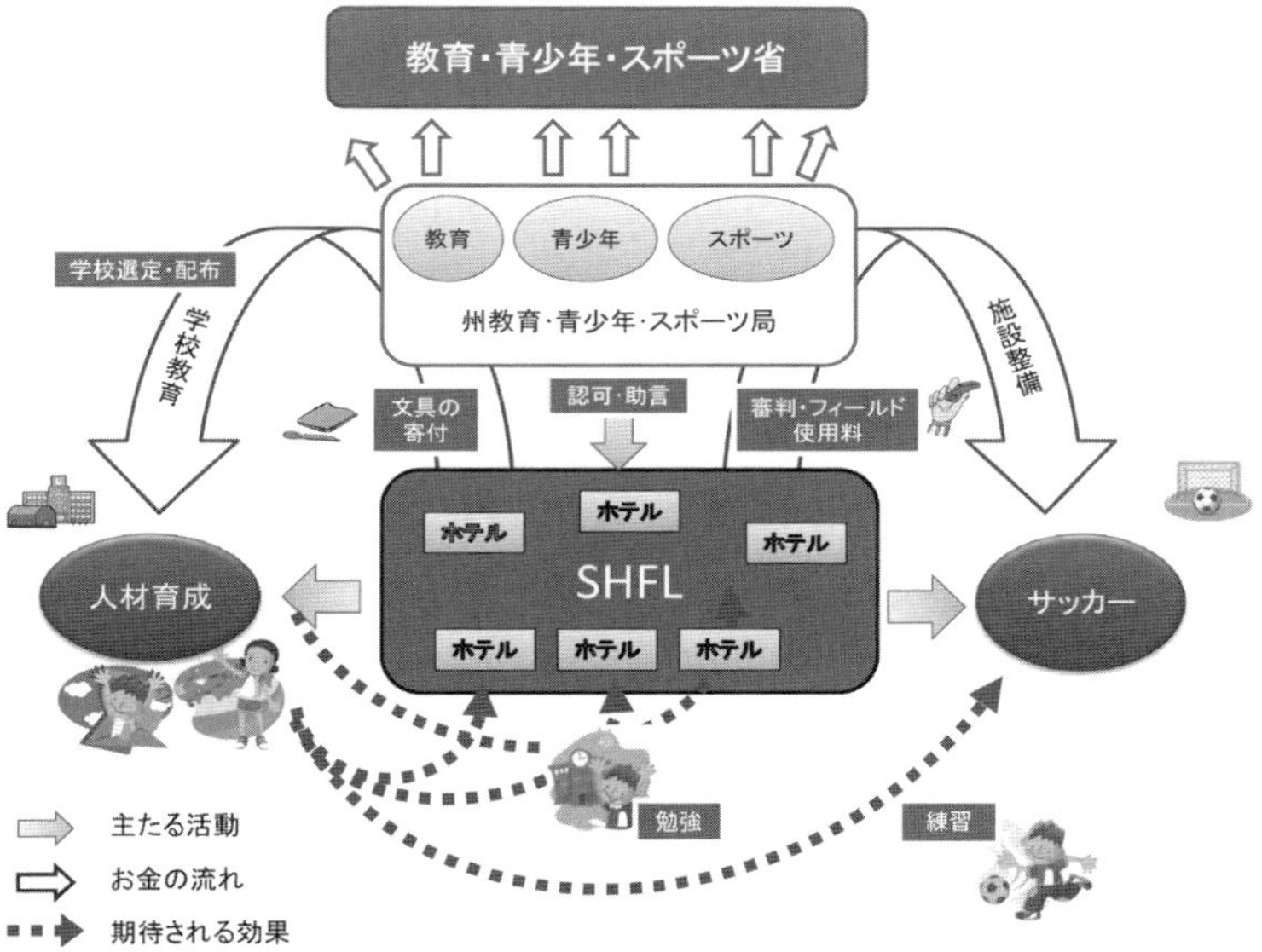

図３－４　SHTFLの社会開発

みを編み出した。図３－４に示すのは、地域住民と民間企業（ＳＨＴＦＬ）、政府（州教育局）の三者が一体となって形作るサッカーを通じた理想のコミュニティの形である。

ＳＨＴＦＬは、大会の開催に際して、一試合につき三五USドル、一シーズンでは約一、〇〇〇USドルのスタジアム使用料を州教育局に支払っている。この中には試合前のフィールドの整備、州教育局の運営協力、各試合への審判の配置、試合に必要な備品の貸出などが含まれており、年ごとに若干異なるが、州教育局の年間予算の約五分の一を占めている。

カンボジアに限らず多くの開発途上国において、スポーツへの政府の関与が薄く、本省からのスポーツ関連予算の配分が十分ではない場合がみられる。開発途上国であり、外国からの援助を受けている状況下で元々の政府予算も多くないが、その中でスポーツに回ってくる予算はさらに少ないか、皆無ということも起こる。そのため地方の行政機関は、独自に資金調達を行う必要があり、ＳＨＴＦＬが審判・フィールド使用料として収める一定額もシェムリアップ州教育局の収入となる。カンボジアの場合、地方行政機関が資金調達を行う際には、本省に届け出をしなければならないが、使途は制限されず、シェムリアップ州では、学校スポーツ環境の整備や全国大会への選手の派遣といったスポーツ行政に活用している。

ＳＨＴＦＬは、試合の際に地域住民の観戦のために会場を開放している。誰でも試合を見ることができるが、とくに小・中・高校生については、州教育局を通じて学校を選定し、各校の学校長を通じて児童、生徒を試合に招待し、その際に、毎試合ではないが、ノート、ペンなどの文房具をプレゼントしている。文具の配布には、会場に足を運んだ子どもたちが、試合に出場しているホテル・観光業の従業員に「憧れを抱く効果」（Vandy 2008）が期待されており、そのためには勉強とスポーツの両方を頑張って欲しいというメッセージが込められている。ＳＨＴＦＬ代表は、「リーグの規約を厳しく定めていますから、ホテルに勤めて三か月以上経たなければサッカーの試合に参加することはできません。選手のようにサッカーをしたいなら、ホテルで働くことを考えなければなりません。ホテルで働きたいなら、一生懸命勉強をしなければなりません」（Sambo 2010）と述べている。先の節で、余暇の選択肢が広がり、スポーツが盛んになりつつある地域の姿を論じたが、あくまでも大人と限られた一部の富裕層の子どもたちの話であり、多くの小・中学生にとってのスポーツ観戦は、未だあまりない貴重な機会である。したがって、ただ一度の試合の観戦と文房具を受け取ったことによって、ＳＨＴＦＬが期待する「サッカー選手とホテルマンの両方への憧れ」を、一部の小・中・高校生が抱く可能性は大いにあると考えられる。

ＳＨＴＦＬの活動を社会開発の視点から捉えなおすと面白いことが見えてくる。図３－４に示したＳＨＴＦＬから州教育局、地域の子どもたちへと続くお金や物の流れは、今や国をけん引する力を持つ産業分野である「観光業」から「公」への協力の流れとみなすことできる。さらに、ＳＨＴＦＬに参加している企業の多くが外資系であることを考えると、外国からカンボジアへの国際協力の流れと見ることもできる。しかし、インタビューを行った参加チームの管理職や総支配人からは、ＳＨＴＦＬへの参加を国際協力と捉える声は全く聞かれなかった。参加している外資系企業は、自社の利益を追求して、あるいは自社の従業員のメリットのためにＳＨＴＦＬに参加している。参加企業の上層部は、ＳＨＴＦＬへの参加に社員の福利厚生などの企業内における意義、さらに若干の宣伝効果という意義を見出してはいるが、自分たちの出した参加費や選手といった資源が、ＳＨＴＦＬを担うカンボジア人の手によって社会開発的価値を付与されているという事実をほとんど認識していないのである。

ＳＨＴＦＬは、人材育成を基盤に地域全体の「ホスピタリティ」を醸成することも思い描いている。「シェムリアップには観光業しかありません。観光業では、人材が全てです。子どもたちがより良く成長することがシェムリアップの発展につながるのです」(Sambo 2010) と捉えられており、出場する選手や観戦に出かける各ホテルの従業員のみでなく、次世代の観光業の担い手である小・中・高校生が「ホスピタリティ」を身に付けることを期待している。世界遺産という観光資源を最大限に活用するためには、観光業界のみでなく地域全体が、長期的に「ホスピタリティ」を創造することが重要だと考えられているのである。

図３－４は、ＳＨＴＦＬがコミュニティを巻き込みながら「観光とスポーツの街」を実現するために編み出した社会開発の仕組みである。地域の将来を担う人材の育成やサッカー（スポーツ）の発展を視野にいれつつ、観光開発を目指す新しい考え方の成否は、数年を経過してみなければ分からない。しかし、サッカーを用いた社会開発が、単なるスローガンや理想論ではなく、実際の活動を通じて目指されているという事実だけでも、新しいサッカーの可能性が示されている。

サッカーを通じた社会開発

ＳＨＴＦＬは、人材や施設といった資源が限られていた中で、委員たちの熱い思いと着実な努力によって手作りされてきた稀有なリーグである。幾度も存亡の危機に見舞われたが、参加することのできる対象者やレベルを広く設定し、さまざまな問題に真摯に取り組んだことによって地域に受容されるまでの発展を遂げた。この成功には、ＳＨＴＦＬ委員会の力のみでなく、参加する各チームや選手たちの貢献の力も大きい。

ＳＨＴＦＬの活動は、急激な経済発展の中で、社会の方向性を自らで決めたいと考える人たちが、自分達の可能性をサッカーを用いて示す新しい開発への試行である。ＳＨＴＦＬが目指す社会開発の根幹には、ＳＨＴＦＬ委員が有する観光開発に対する「新しい価値観」が色濃く見える。新しい価値観とは、外資系の大型資本を受け入れながら、対立することも飲み込まれることもなく、しかし同時に、地域の人々の生活を向上させるという、一見すると矛盾をはらんでおり、実現が困難な印象を与える価値観である。しかし、ＳＨＴＦＬの目指す観光開発は、先進国の真似をするのではなく、先進国の発展を自らの開発に取り入れながら、地域住民にとっても観光客にとっても心地のいいものを一から作り上げる試みである。仏教に基づくカンボジア的価値を基盤にした地域の暮らしと観光の共存は、ＳＨＴＦＬが主導し、地域全体を巻き込みながら実現を目指す新しい社会開発の形である。

この理想の社会の実現にサッカーが中心的な役割を果たしている。筆者は、かつてここまで生活に密着したスポーツ活動、さらには多くの人々の未来を変える可能性があるほどの存在感を持ったスポーツ活動を見たことがない。開発途上国といわれるカンボジアでの事例であるが、彼らの試行錯誤の中には、私たちが学ぶべき貴重な示唆がたくさんちりばめられている。

第４章
社会課題の解決に取り組む

1．ＨＩＶ／エイズとの戦い

ＨＩＶ／エイズと関係する社会課題

第一章で詳述した「地球規模の課題」の中の最も深刻なものの一つにＨＩＶ／エイズの問題がある。現代におけるＨＩＶ／エイズは、単にウイルスや病気の名前というだけではなく、社会を映す鏡であるといっても過言ではなく、サハラ以南アフリカの中には、国の存続に関わるほど深刻さを増している国々もある。本章では、そのような国の一つであるジンバブエに焦点を当てて、まず始めにＨＩＶ／エイズの存在が、なぜ国の存続をも左右するのかを読み解き、対策のために行われているサッカーを用いた取り組みを検証してみたい。

ＨＩＶとは、"Human Immunodeficiency Virus"の頭文字を取ったものであり、ヒト免疫不全ウイルスを指している。エイズとは、"Acquired Immunodeficiency Syndrome"の略で、日本語では後天性免疫不全症候群である。「エイズ」は病名ではなく、ＨＩＶウイルスによって引き起こされるさまざまな疾患の総称である。

国連合同エイズ計画（Joint United Nations Programme on HIV/AIDS: UNAIDS）は、二〇

一二年の世界のＨＩＶ陽性者数は三、五三〇万人であり、一五歳から四九歳人口の約〇・八％にあたると発表した。最も感染者数の多いサハラ以南のアフリカでは、成人の約二〇人に一人（四・九％）がＨＩＶ陽性者であり、この数は全世界の感染者数の六九％を占めている。エイズによる死亡者数は、抗ウイルス薬の普及により二〇〇〇年代後半から減少し始めているが、二〇一二年でも全世界で約一六〇万人であり、一四歳以下の子どもの死亡も二六万人に上る。しかし、二〇一二年の新規感染者数は二〇〇一年と比較すると約三〇％減少しており、世界各国で展開されている啓発活動の成果が表れ始めているといえるであろう（UNAIDS 2013）。

本当の怖さとは

近年、複数の抗ウイルス薬の服用によってエイズの発症を抑える治療が一般的となり、先進諸国においてＨＩＶへの感染は即座に死を意味するわけではなくなった。しかし、開発途上国では未だ多くの人がエイズによって命を落としており、すなわち世界には、ＨＩＶに感染しても命の危険を感じずに暮らすことができる人と、感染が命の危険を意味する人の両方が存在している。近年のこの問題の真の怖さは病気そのものではなく、感染した個人がどの国の人間か、どのような暮らしをしているかによって、命の長さと質が異なってしまうことである。

エイズにより片親あるいは両親を亡くした孤児の数は、二〇一〇年には一、七八〇万人に上り、その内約九〇％がサハラ以南のアフリカの子どもたちである（UNAIDS 2013）。孤児は、親族のもとに引き取られるのが一般的であるが、親族が極度の貧困状態にあったり、エイズの闘病中であったりして行き先がない場合もみられる。このような孤児は、親族の家で短期滞在を繰り返すか、国内外のＮＧＯが運営するエイズ孤児のための施設に引き取られるか、場合によっては、近隣家庭を中心としたコミュニティによって育てられる。元ユニセフ事務局長のキャロル・ベラミーは、二〇〇三年に「エイズ孤児やＨＩＶ／エイズが原因で危機にある子どもたちの問題は、規模が拡大し、深刻化し、長期間にわたるものとなっています。しかし、ＨＩＶ／エイズによって最も困難な状況下にある国のうちの三分の二は、この危機にある子どもたちが最低限の保護と養育を受けられるようにするための戦略さえ持っていません」（UNICEF 2003）と問題を指摘したが、その後も多くの地域で改善は見られていない。エイズ孤児は、出生時に母子感染をしている危険があるため、ＨＩＶ陽性である可能性も一般的に高いが、さまざまな理由から判定検査を受けておらず、治療の開始が遅れることも多い。

貧困とのかかわり

ＨＩＶ／エイズの拡大は、人間の命を奪う上に、人間の集合体としての家庭、コミュニティ、国などを機能不全に陥らせる。人材の喪失、孤児の増加、教育・医療の崩壊、差別の増長などは、貧困の拡大や社会不安を引き起こし、元々多くの課題を抱えていた社会がさらなる課題を背負うことになるのである。また、エイズによる死者数の増加は、あらゆる分野の労働者を失うことを意味しており、その経済的損失は計り知れない。かつては、感染者の多くが低賃金労働者や非正規労働者であるため、病気の拡大によるマクロレベルでの経済的損失は考えにくいとされていた。しかし、稲岡は、「ＨＩＶ／エイズは個人の所得や家計に負の影響を与えて貧困を加速させる一方、国家の視点からみても、経済成長に対する負の影響が大きい」（稲岡、二〇〇五）と指摘しており、問題があまりに大きくなりすぎたためにマクロ経済に与える負の影響も心配されている。経済成長に対する負の影響とは、労働人口の減少、治療にかかるコストの増大、未来への投資の鈍化などであり、病気の拡大以前に「貧困」という課題を抱えていた社会にとっては、「経済成長」という一点のみを抜き出しても重い足かせとなる。貧困とＨＩＶ／エイズの関係性については多くの研究がなされているが、稲岡は、「ＨＩＶ／エイズの結果としての貧困」と「貧困の結果としてのＨＩＶ／エイズ」の両者を図４－１のように整理している。

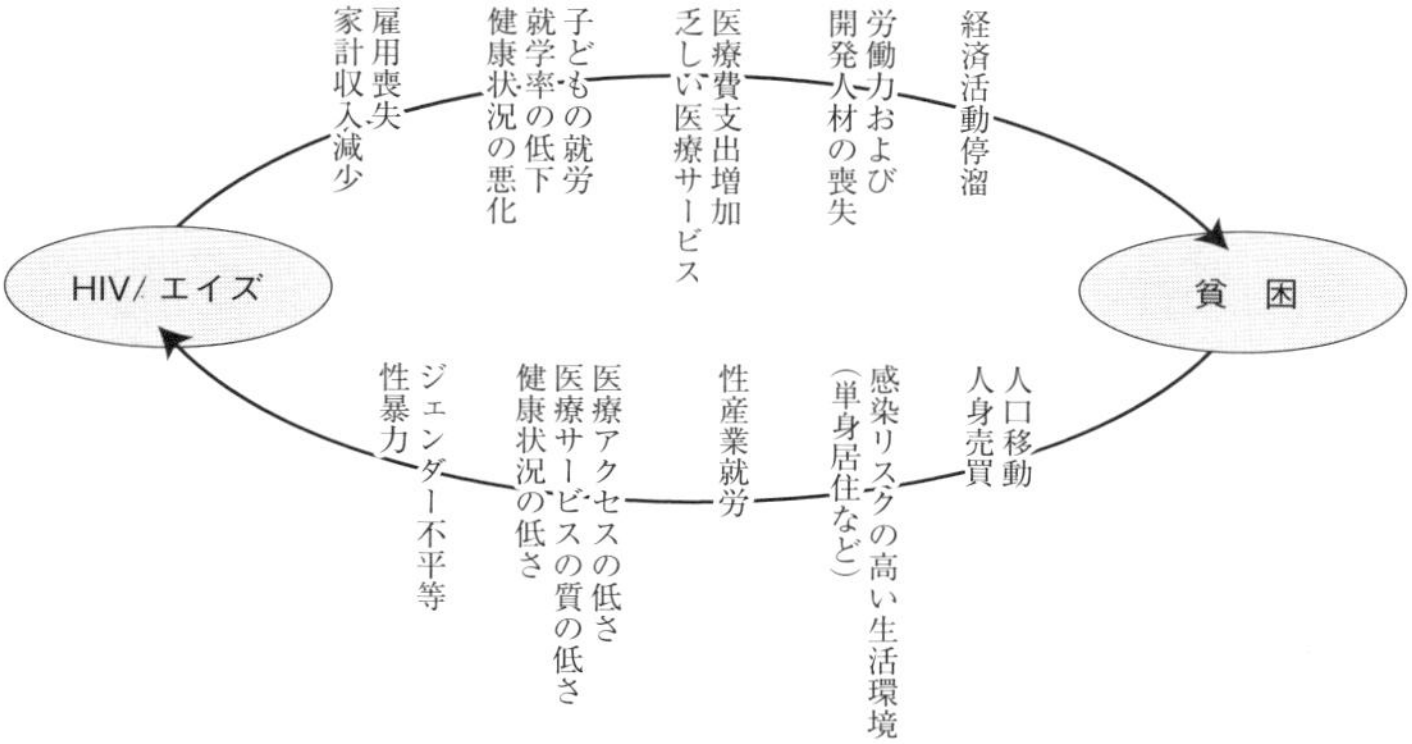

図４－１　貧困とHIV／エイズの悪循環
（出典：稲岡恵美（2005）「貧困の保健学―貧困とエイズ」ジェトロ・アジア経済研究所）

この図からＨＩＶ／エイズ問題への取り組みは単独での解決を目指すのではなく、他の開発課題との関係性を見極めながら「悪循環を断ち切る」という方向に向かうべきであることが読み取れる。もちろん他の開発課題との関係は国や地域によって異なるため、全てのＨＩＶ／エイズにまつわる課題に有効な「共通」の処方箋の提示は不可能である。

個人的課題の根深さ

貧困をはじめとした社会的課題に加えて、ＨＩＶ陽性者やエイズ患者が抱える個人的な課題の根深さも軽視できない。まず、ＨＩＶ簡易検査へのアクセスの問題が挙げられる。世界各国で検査の受検は容易になったものの、さまざまな理由から、陽性の可能性を持ちながら未受検の者が多く、この数は当然ながら統計に含まれていない。このことは長年にわたって問題視されており、地道な啓発活動を続けるほかに道はないであろう。

次に陽性判定を受けた後のケアであるが、未だ大きな個人差があると言わざるを得ない。近年、開発途上国においても十分な量の抗ウイルス薬の処方が受けられるようになりつつあるが、適切な服用のための指導とサポートを受けられない場合が多い。ＨＩＶ陽性者が受ける標準治療として、数種類の抗ウイルス薬を毎日、決まった時間に服用することが必須であり、薬の飲み忘れは短期間にウイルス耐性が付くという悲劇を招く。さらに薬によっては、食欲不振、吐き気、倦怠感、肌荒れといった副作用を伴うため、本来は定期的に受診して、主治医が患者の体質との相性を見ながら薬の組み合わせを変えて処方すべきものである。しかし、開発途上国では、体質や症状に関わらず、多くの人に同じ薬が処方されている事例が見られ、日常生活に影響を及ぼすほどの重篤な副作用に苦しむ人も多い。

例え副作用がなかったとしても、一生涯、毎日、同じ時間に服薬し続けることをイメージしてみて欲しい。命に関わるとはいえ、とくに明らかな自覚症状がない場合には、日々の生活の中で一日も欠かさず薬を飲み続けるというのはとても大変である。そのため医療関係者を含めた周囲のサポートが不可欠であり、ＨＩＶ／エイズの治療では無視することができない重要な点の一つである。

差別と偏見

ＨＩＶ／エイズの存在が明らかになって以降、差別や偏見をなくすためのさまざまな取り組みがなされてきた。抗ウイルス薬の登場でエイズの発症を抑えることが可能となった頃から、エイズは「治る病気」という理解が広がり始め、「恐れ」が緩和されたことから差別や偏見は少なくなっているように感じる。しかし、目に見えない敵である差別や偏見を完全になくすことはどの地域・国においても難しく、さらなる努力が必要である場合が多い。

そもそも二〇一一年現在でも、法律によってＨＩＶ陽性者の権利を制限している国が複数存在する。法律での規制は、いかなる形のものであれ差別や偏見を国として容認し、増幅させる温床となる。例えば、外国人の入国やビザの更新の際にＨＩＶ陰性の証明書の提出を求める、陽性が判明した外国人に強制退去を求めるといった入国や滞在に関わる法律を持つ国がある。また、セックスワーカーや同性愛者、薬物使用者を厳しく罰する国もあり、そのことが原因で感染の可能性を封殺せざるを得ず、検査を受ける権利が奪われる場合もある。

これらの国々では、ＨＩＶ／エイズをタブーとして扱う傾向が強く、十分な情報がないために、過剰な恐怖心が社会に蔓延しがちである。ＨＩＶ陽性者やエイズ患者に恥や罪の意識を持つことを強要し、極端な場合には身体的、心理的な暴力を与えたり、社会から抹殺するかのごとく、外出を控えざるを得ない状況に追い込んでいく。このような人間の尊厳を脅かす行為は、とくに女性や子ども、難民、移民といった社会的弱者に集中する傾向にあり、この問題の最も残酷な側面の一端である。

2．絶望から抜け出すために

ジンバブエの現状

アフリカ南部に位置するジンバブエは、一九八〇年の独立後に近隣国とは異なる白人融和政策を採ったことにより、アフリカのオアシスと呼ばれるほどの順調な発展を遂げていた。一九九〇年代までは、二世三世として生まれた白人のジンバブエ人と表面的には手を携えて国づくりを進めており、隣国南アフリカと肩を並べる経済大国になっていた。とくに農業、製造業の

写真４－１　首都ハラレの様子

レベルが高く、食品や日用品といった生活必需品については、輸入をしなくてもほぼ国内産で賄うことができており、近隣諸国に輸出もするというサハラ以南アフリカでは珍しい国であった。元々気候が冷涼で治安がよく、国民の多くが公用語である英語を話すこともあって、世界三大瀑布の一つであるビクトリアフォールズに多くの外国人観光客が訪れていた。

しかし、二〇〇〇年代に入り、ロバート・ムガベ大統領の失政によって、最終的には世界でも類を見ない二億三、〇〇〇万％に達するハイパーインフレを引き起こした。卵を買うために抱えきれないほどのドル札を持って出かけるのが日常であり、人々がお札をリュックに入れて持ち歩く姿が日本でも報道された。ジンバブエドルは、今日一〇〇円の価値があったものが、翌

写真４－２　ジンバブエの紙幣

日には一〇円、さらに翌日には一円になることもあるほどで、それまでアフリカの優等生であった国は瞬く間に経済危機を迎えた。国内の経済、社会福祉、農業、保健医療、教育と比較的高水準にあった全てが停滞し、「国の静かな死」と表現された。

この間、ジンバブエ政府は欧州をはじめとする多くの援助国との関係を断ち切り、ＨＩＶ／エイズに関する対策も全くというほどなされなかった。政府は、ＨＩＶを「他国が開発した細菌兵器のようなもので未確認である」と発表していたが、一九九〇年代後半には、数千、数万という人々の原因不明の体調不良や死が目立ち始めるようになった。人々は、周辺国やインターネットなどからの情報によってＨＩＶ／エイズの存在を疑ってはいたが確信を持てずにおり、当然ながら感染予防のための取り組みはほとんど行われなかった。筆者はこの時期、ジンバブエで暮らしていたが、HIV／エイズの存在は認識されていても、自らの感染を疑う人はほとんどおらず、一方で、知人の原因不明の死が増えていくことに、皆が疑問を持ち始めていた時期であった。

二〇〇二年に、政府はエイズ非常事態宣言を出し、国際社会も支援を再開したが、既に国民の四人に一人は感染の疑いがあるという悲惨な状況となっていた。加えて、多くの医師が国として機能していないジンバブエを離れて、南アフリカ、イギリスなどで働いており、残った少数の医師の中にも感染者が多いのが現実であった。

失われた二〇〇〇年代を経た現在、成人の感染率は約一五％に上り、出生時平均余命が四二歳と世界でも最低の水準にある国の一つとなった。公式発表ではこの数であるが、人々の実感としては、周囲の少なくとも四人に一人、地域によっては三人に一人が感染しているという。かつて白人農場主によって経営されていた大規模農場近郊には、ザンビア、モザンビークなどからの移民やその子息が多く、彼らは住民登録をしていない。国内で検査を受けていない人も未だ多く、これらの要因を勘案すると、少なくとも国民全体の二五から三〇％の感染が推測されるとのことである。

これまでのエイズを原因とする死者数は五万八、〇〇〇人であり、一七歳以下のエイズ孤児は約一〇〇万人と推定されている。近年では、かつての高い就学率と識字率を背景に、HIV／エイズ啓発が最も成功し、新規感染者数が劇的に減少した国として国際的な注目を集めているが、すでに国内では、社会基盤が崩壊するほど深刻な問題となってしまった。現在のジンバブエには、新規感染を防ぐ啓発活動に加えて、HIV陽性者のケア、エイズ患者に対する医療の充実、孤児の養育環境の整備など解決すべき課題がたくさんあり、過去の失われた時間の代償は言いようもなく大きい。

HIV陽性者の生活

HIV／エイズが慢性疾患に近い病気となった現在、HIV陽性者が日常生活で気を付けるべき点は、他の病を抱える者と大きく変わるわけではない。定期的な服薬と通院に加えて、適切な栄養、十分な休息を取り、適度な運動を行うこと、さらに日常生活におけるストレスを最小限に抑え、心身ともに規則正しい生活を送ることなどが留意点として挙げられる。口でいうのは簡単であるが、この当たり前の生活を送ることは、とくに開発途上国においては健康な人にとっても難しいものである。近年は、陽性者や患者に向けられる差別や偏見が減っているとはいえ、体調に波があるという一点を考えても、彼らが働き続けることは難しい。そもそもジンバブエでは、国内の失業率が、七〇％とも八〇％ともいわれており、陽性者や患者が働く場所を見つけ、通い続けることは困難である。そのため、家族や親族の扶養の下で暮らすか、収入が不安定な一時雇用や家内工業的な軽作業、路上販売などで生計を立てる者が多い。

ジンバブエは、法律で一夫多妻制を認めており、とくに農村部では近隣諸国と同様に大家族が多く見られる。陽性者の増加によって家族の中での働き手の数は減り、逆にＨＩＶ／エイズを原因とした離婚や死別によって兄弟が戻ってきたり、孤児を預かるなどの理由で、一家族の人数が増える傾向にある。一方で、夫を亡くした上に自分も夫から感染し、子どもを抱えて働くことができないシングルマザーが急増しており、ＨＩＶ／エイズが貧困をもたらし、貧困によって精神的に追い込まれ、それによって体調不良に陥るばかりか、子育てをする気力さえ奪われる悪循環に陥っている。自分の体調と命の期限に思い悩み、子どもたちの将来を考えると悲観的になり、未来が見えない苦しさにあえぐ母親の姿が国中の至る所でみられるのである。

一般的にＨＩＶ陽性者の体調には波があり、周囲の人々の理解が得られないと、わがままや怠けているといった印象を与えることがある。しかし、薬の副作用や気持ちの落ち込みには個人差があり、落ち込みの元となる理由もさまざまである。筆者の友人のＨＩＶ陽性者は、現在受けている海外のＮＧＯからの援助の停止を常に恐れている。聞けばＮＧＯが活動を終えたり、支援対象をジンバブエから他国に移したりしたら、抗ウイルス薬治療が受けられなくなる。その時点でジンバブエ国内の制度に基づいて治療を申し込んでも、空きがないか、開始が大幅に遅れるということであった。治療の休止は、エイズの発症の確率を上げるため、このような事態に陥る前に国内の制度に基づく治療に切り替えた方がいいか、あるいは、自国の政府より海外のNGOを信頼して援助を受け続けるべきかということについて、外国人としての筆者の意見を聞かれたことがある。

包括的な対策とは

HIV陽性者やエイズ患者達の苦悩は、外見からは分かりづらい。実際、筆者がジンバブエで出会った陽性者や患者達は朗らかで話好きであり、個別に深い悩みを抱えていることは時間をかけて話してみなければ分からなかった。しかし、HIV／エイズを感染者数や規模といったマクロな視点で捉えることに加えて、陽性者と患者自身の問題と考え、一人一人の生活の質の充実というミクロな視点で捉えなおすことも同じくらい重要である。

これまでのHIV／エイズ対策では、新規感染の予防に重点が置かれることが多く、スポーツを通じた活動でも主に青少年を対象とした「予防啓発」のプログラムが主流となってきた。筆者の印象でしかないが、日本の政府やNGOが行っているHIV／エイズ対策の半数以上が

「啓発」に関わるものであるように思う。ＨＩＶ陽性者に対しては抗ウイルス薬治療の普及、患者に対しては症状への治療といった、医学的な支援が最重要であるが、このことが「それ以外の援助を必要としない」ことを示す訳ではない。精神的なケアや家族に関わる問題への支援を始め、ＨＩＶ／エイズと共存していくためのさまざまな支援が必要であり、とくに、近年における啓発の成果を鑑みると、そろそろ陽性者と患者の生活の質の向上に関わる援助の方を増加すべき時期でないかと感じている。

スポーツに関わるＨＩＶ／エイズ対策でも、対象を青少年に設定した「啓発」活動が多く、陽性者や患者を対象とした活動が少ない傾向が見られる。そこで次節からは、少ない中の一例として、ＨＩＶ陽性者とエイズ患者の生活の質の向上を目的にジンバブエで行われている「女性たちのサッカー活動」を概観してみたい。

3．ポジティブ・レディース・フットボール・クラブ

活動の概要

ポジティブ・レディース・フットボール・クラブ（Positive Ladies Football Club: PLFC）は、二〇〇八年にジンバブエ国内の一〇州から一六チームが参加して結成された。参加する選手たちは、一八歳から四〇歳のＨＩＶ陽性の判定を受けた女性たちであり、ＨＩＶ／エイズに関わる偏見を社会からなくすことを第一の目的としている。クラブが運営するのは、年間を通じて行う大会のみで、普段の練習は各地区のチーム毎に行われており、練習の頻度やコーチの有無、参加人数などは各々異なっている。自主的に練習を行っているチームは、全国に大小合わせて四〇以上あるといわれているが、クラブの大会そのものは、二〇〇九年上半期に八チーム、下半期に四チーム、二〇一〇年に四チームで行われた。しかし、冠スポンサーであった“BANK ABC”が撤退したことを機に財政問題が生じ、二〇一一年から全国規模の大会は開かれていない。二〇一三年現在、首都ハラレ近郊で四チーム、国の中心に位置する都市グエル近郊で四チーム、最も活発なのは、モザンビーク国境沿いのムタレという都市で、一一チームの活動の継

写真４－３　首都ハラレにあるPLFCの事務局

続が確認されている。また、首都ハラレでは、毎年一〇月から五月の間にホームアンドアウェイ方式でリーグ戦が行われ、優勝チームが決定されている。

ＰＬＦＣの設立者は、かつてジンバブエのプロサッカーリーグ「プレミアリーグ」の代表を務めたクリス・サンボ氏で、「サッカーは、世界で最もメジャーで人々を一つにする力を持つスポーツです。私は、サッカーが、ＨＩＶとともに暮らす人々への偏見と闘い、行動変容をもたらすためにとても有効なプラットフォームになると信じています」（IRIN/Plus News ホームページ 2009）と設立の動機を語っている。サンボ氏は、プレミアリーグ会長時代にプロの試合の前座としてＨＩＶ陽性の女性の試合の開催を試みたことがあったが、関係各所からの強い反対にあい、計画は頓挫した。この経験から、HIV陽性者、とくに女性たちに対する差別や偏見を無くすことの重要性を強く感じてPLFCを設立したという。

過去の大会で最も優勝回数が多いのは、"ARV Swallows" というハラレのチームである。ARVとは、抗ウイルス薬を意味しており、すなわち日本語では「抗ウイルス薬服用者たち」というチーム名である。他にも「信じる陽性者たち（Positive Believers）」、「免疫増幅者たち（Immune Boosters）」、「CD4細胞数（CD4 Count）」、「ウイルス大使たち（Virus Ambassadors）」といったHIV／エイズに関連し、かつユーモアにあふれた名を持つチームが多い。

HIV陽性者によるサッカーとは

読者の中には、HIV陽性者やエイズ患者がサッカーをすることの安全性を疑問に思う人もいるだろう。FIFAは、FIFA医学評価研究センターの研究をもとに「HIVに感染している選手が創傷や皮膚病変から出血し、体液が他選手の皮膚病変や切創、曝露された粘膜に接触すれば、理論的にはHIVが感染する可能性はあるとされる。しかし、そのようなことが起こる可能性は低く、また起きたとしても感染のリスクは非常に低い」（財団法人日本サッカー協会、二〇〇七）と示している。実際、PLFCへの参加者は、主治医からサッカーへの参加を

表4－1　代表的な傷害と疾患

【傷害】 急性足関節捻挫、膝の傷害、前十字靭帯（ACL）損傷、後十字靭帯（PCL）損傷、内側側副靭帯（MCL）損傷、外側側副靭帯（LCL）損傷、半月板損傷、膝関節軟骨損傷、大腿部筋損傷、鼠径部痛、頭部・脳障害、脊柱傷害、その他の傷害 【疾患】 感染症、気道感染症、**ヒト免疫不全ウイルス**（HIV）、喘息、突発性心臓死、皮膚疾患

（出典：JFA（2007）「サッカー医学マニュアル」）

勧められており、その理由は、①精神的、肉体的に強くなることによって免疫力が高まり、感染症の予防につながる、②身体活動をした後は、血流が上がるため、服用している薬が体内に行き渡り、効果が高まるということであった。

財団法人日本サッカー協会（Japan Football Association: JFA）が発行する「サッカー医学マニュアル」は、サッカーに関わる傷害や疾病について、その原因や対処法を可能な限り網羅している冊子である。表4－1のように、代表的な傷害として「捻挫」のほか一一項目が上げられており、六つの疾患の一つとしてＨＩＶが取り上げられている。

二〇一〇年のＰＬＦＣの優勝チームである“ARV Swallows”のメンバーは、南アフリカのＦＩＦＡワールドカップ大会の際の付帯イベントとして開催された「ＨＩＶ啓発のためのサッカー大会」に出場した。これは、「国境なき医師団」が、世界の人々にアフリカのエイズ問題に目を向けてもらうことを目的に、六か国から男女三〇人を集めて開催した大会である。国際的に信頼を得ている「国境なき医師団」の医師たちが、ワールドカップという公式の場でＨＩＶ陽性者のサッカー大会を開催したことは、陽性者がサッカーの試合に出場し、激しい運動をすることを医学的観点から保障し、また、感染のリスクを考えても特段の問題がないことを示しているといえるだろう。

サッカーへの参加で生まれた変化

ＰＬＦＣへの参加者からは、クラブが目的としている「人々による差別、偏見」が見られなくなったことを成果とする声が多い。しかし、活動を見ている周囲の人々の考え方が本当に変化したのか、あるいは彼女たちが自信をつけたことによる捉え方の変化なのか、はたまた時間の経過に従ってジンバブエの社会全体における陽性者に対する差別や偏見が減少してきたのかを検証することは不可能である。いずれにしても、差別、偏見が徐々に少なくなっている事実には、クラブの活動がもたらした成果もいくらかはあるだろう。その他にも、「ＨＩＶ感染をカミングアウトすることができた」、「夫や家族から外出への理解を得ることができた」、「練習や試合の後には食欲や眠気があるため規則正しい生活ができる」、「子どもの世話や物の貸し借りなど実質的な助け合いができる」といったようにこれまで内向きになりがちであったＨＩＶ陽性の女性たちが、サッカーへの参加をきっかけに外に向かって視野を広げていく様子をうかがい知ることができる。

地域でのＰＬＦＣの活動に対する眼差しにも変化が見られている。先に挙げた“ARV Swallows”の中には、活動の開始当初に、「なぜ、死んでいく人がサッカーをするのか」という心無い非難を浴びたメンバーもいた。首都近郊の貧困層が多いエプワース地区のチームであったことも一因と考えられるが、女性が外に出て何らかの活動をすることに反対する者が多く、ましてやＨＩＶ陽性の女性がサッカーをすることに対する風当たりは強かった。しかし、女性たちが練習を重ね、大会で優勝した頃から、人々の見方が変わったという。“ARV Swallows”は、「逆境に屈せぬ女性たち」と評され、とくに南アフリカの大会に出場した二〇一〇年には、「ＨＩＶに感染しても“ARV Swallows”に入れるなら構わない」というジョークまでいわれるほどになった。“ARV Swallows”の活動は、ＰＬＦＣが目標としているＨＩＶ／エイズに対する差別や偏見を実際に撲滅した事例として、ＢＢＣをはじめとした複数のメディアでも取り上げられた。

2

写真４－４　あるチームの練習風景
（提供：柴田真宏氏）

女性選手たちの声

コモナさん（三八歳）は、二〇〇九年から週三回、練習に参加している。チームに入ることで、ストレスが解消され、健康に対する意識が高まったという。また、「グランドで時間を過ごすことで、色々余計なことを考えなくて済みます。自分の生活を忙しくて、将来に悲観する暇がない状態しています。サッカーだけでなく、陽性者のガーデニンググループに参加するなど積極的になりました」と語っている。それほど多くのスポーツ経験を有していないコモナさんは、チームへの参加を「暑いし、長く運動をしていないし、中には四〇歳の人もいるし、もちろん体調の問題があるので最初は大変です。でも、練習していくと、みな鍛えられて走れるようになって、そのことが自信につながります」と話している。

ウィニーさん（四〇歳）は、二〇〇四年から趣味でサッカーを始め、二〇〇七年からは、地域の小学校のコーチから指導を受け、自分もコーチになるための勉強を始めている。ウィニーさんは、「九〇分間プレーできたら自分の体力に自身が持て、家族のことを考える余裕ができてきます。子どもたちは母親たちがサッカーをしている姿を見て力をもらえるし、周囲の人々の見方も、憐れだ、かわいそうだというものから、共感する、頑張れといったものに変わっていきます。この新しい見方によって陽性者を傷つけなくて済むのです」と語ってくれた。

このようにさまざまな目に見えない変化が生まれているが、サッカーの活動以外にも自分たちで石けんを作って販売する収入創出の試みが行われたり、クワイヤー（合唱）グループを結成したりといった陽性者が集う新しい場づくりのきっかけともなっている。かつて、「陽性の女性達が自発的に何かをする機会はありませんでした。静かに死を待つことが当たり前だったのです」（Mandishona 2011）といわれた時代があったが、その頃とは大きな違いである。実際、ＰＬＦＣに参加している女性たちは、皆明るい。一人一人は、さまざまな困難を抱えているが、「サッカー」をする時間を共有することで得られる安心感や他者に対する信頼感、さらに参加することによって得られた自信が非常に強いものであることがよく分かる。

クラブとしての活動の意義とは

ＰＬＦＣでは、チームごとに活動の密度や頻度が異なっているが、全国大会が行われていない現在でも、練習や練習試合、地区大会などの活動は続けられている。チームで活動すること、すなわち彼女たちが定期的に集まることによって、これまで孤立しがちであった陽性者の存在が「集団」として明らかになることは大きな意味を持っている。クラブの活動の意義の一つとして、複数のチームのメンバーから聞かれたのが、サッカーの練習中に「未だ検査を受けていないが陽性の可能性がある人」や「ＨＩＶ陽性が判明した直後の人」が話を聞きに来ることである。ジンバブエでは、現在でもＨＩＶ／エイズに関する噂やデマ、間違った情報が蔓延しており、確実な情報源を持たなければ詐欺にあうことも稀ではない。感染が判明して気が動転している人に「もうすぐ死ぬ」とか「政府の治療を受けに行くと逮捕される、殺される」といったことを吹き込む人がおり、そのために治療の開始が遅れることもある。誰かに付け込まれることなくきちんとした治療のルートに乗ることが重要であり、信頼できる情報源の確保がその後の生活や命の質の保障に直結する。サッカーという利害関係のない場での女性同士の会話から得られる情報の信頼性は高く、また、同じ境遇の者と話すことによって不安や恐れの軽減の効果も期待できる。ＨＩＶに感染しても正確な情報と信頼できる仲間を得ることによって、生活の質を落とさないための努力を続けることができ、この重要性は改めて強調する必要はないだろう。

問題を抱える者や社会的弱者が集い情報を交換すること、さらには手を携えて社会における権利を獲得していくことは、いかなる地球規模の課題の解決においても核になる。ＰＬＦＣへの参加者の一部は、ＨＩＶ陽性というのみでなく、シングルマザーである、セックスワーカーとして働いていたため現在の仕事がない、きちんとした教育を受けていない、夫が蒸発した、子どもたちも陽性者であるというような、幾重にも重なった困難を有している。しかし、憐憫

写真4－5　女性たちによるサッカー

や援助を受けるだけでなく、個として自信を持って自立をしていかなければならず、そのことこそが各人の尊厳のある生き方に関わってくる。活動を通じて自信を取り戻した先輩たちは、新しいチームメンバーを勇気づけ、エンパワーすることに喜びを感じるため、「尊厳を保つ」ことを新しいメンバーにつないでいく好循環を生み出している。ＰＬＦＣへの参加者たちは、活動を通じて、抗ウイルス薬治療はもちろん、公的支援を受けるための手続きの仕方、収入を得る方法、人に騙されずに生き抜くすべに至るまでをサッカーの仲間から学ぶことができるのである。それは、「試合に勝つという共通の目標を持ちながら、実は試合結果は問題ではなく、日常のさまざまな困難に打ち勝つことを想定している」（Comona 2010）と表現されている。

4．スポーツを用いたＨＩＶ／エイズ関連活動

スポーツを用いた啓発

ジンバブエのＰＬＦＣの活動のように、陽性者や患者を対象としたサッカー活動は少なく、明らかになっているのはザンビアと南アフリカでの事例のみである。ＨＩＶ／エイズに関わるサッカーの活動のほとんどは、「啓発」を目的としたものであり、近年では、表４－２に示した“Kicking AIDS Out!”や“streetfootballworld”のように複数の団体をつなぐためのネットワークやプラットフォームも作られている。ＨＩＶ／エイズ啓発のためのスポーツ関連プロジェクトは数百あるといわれているが、少なくともその三分の二以上はサッカーを用いた活動であろう。実行団体も国連関係、政府援助機関、企業、ＮＧＯなど多種多様であり、またこれらの実施機関が連携して行うプロジェクトも散見される。表４－２は、その中で比較的活発に活動していると思われる団体の一覧であり、“Using Football for HIV/AIDS Prevention in Africa”という報告書の中では、これらの団体への聞き取りを通じて、サッカーを用いた啓発活動の成果が検証されている。

表4－2　アフリカでHIV／エイズ啓発に関わるサッカーの活動を行うNGO

Altus-Sport
Coaching for Hope
Footballers 4 Life
Grassroot Soccer
Kick 4 Life
Lovelife
Mathre Youth Sport Association
NAWA Life Trust
Play Soccer Right to Play
SEDYEL-South East district Youth Empowerment League
Targeted AIDS Interventions
Vijana Amani Pamoja
Whizzkids United
【ネットワーク、プラットフォーム型】
Kicking AIDS Out!
streetfootballworld

（出典：Football for an HIV free generation（2010）"Using Football to HIV/AIDS Prevention in Africa" を参考に筆者作成）

これまでに、世界各国で研究の成果として、あるいは、報告書などでサッカーを用いた「啓発」の効果が導き出されているが、実際には、複数の形態の啓発活動が整理されないままに語られている。ここで、「スポーツを通じたＨＩＶ／エイズ啓発」を三つの形態に分類して、それぞれを詳しく見てみよう

啓発活動の形態

(1)　スポーツに関係する啓発

スポーツを用いたＨＩＶ／エイズ啓発の中で、最も対象範囲が広く、私たちの目に触れやすいのはこの形態の活動であろう。国際機関や政府援助機関、スポーツ団体や

ＮＧＯなどによるキャンペーンやイベントなどであり、その多くは一流スポーツ選手の協力を得て行われている。ＨＩＶやエイズに関する情報を広く伝えることにより、新規感染の防止の他に、陽性者や患者に対する差別や偏見を無くすことが目的とされることが多い。二〇〇四年にＩＯＣとＵＮＡＩＤＳが連携協定を結んだ頃から、この種の「人目を引く」大規模な啓発活動が増加の傾向にあるが、イベントなどの活動が、ＨＩＶ／エイズの広がりが大きい地域、主に開発途上国で行われる場合と、先進諸国で行われる場合、またオリンピックやワールドカップといった国際大会に付随する場合とでは目的が異なっている。国際大会時や先進諸国で行われるイベントやワークショップは、ＨＩＶ／エイズに関する幅広い情報を取り扱うことが多い一方で、開発途上国で行われる活動では、より具体的に、検査の受診の勧めや日々の生活における注意点などに踏み込んだものがよく見られる。

他の形態の活動と異なる特徴として、「一流競技者の参加」が多く、例えばサッカー界では、ＵＮＡＩＤＳの親善大使を務める元ドイツ代表主将のミハエル・バラク氏をはじめ、ユニセフ親善大使のデイヴィッド・ベッカム氏、国連開発計画（United Nations Development Programme: UNDP）親善大使のディディエ・ドログバ氏などが精力的に活動している。二〇一三年にウイルソンとバンは研究の中で、セレブリティアスリート（影響力のある有名なスポーツ選手）が、これらのイベントに単に「いる」だけの場合と、「社会の動きを作り出すアントレプレナー（起業家）」である場合とでは、活動の成果が異なることを指摘している。バラク氏、ベッカム氏、ドログバ氏などは後者であり、例えば、バラク氏は、南アフリカワールドカップ大会の際に、世界にＨＩＶの母子感染の深刻さを伝えるために、各国の主将に署名を呼びかけ、「エイズにレッドカードを」というキャンペーンを展開した。

(2) スポーツを用いて行われる啓発

スポーツを用いた啓発の中で最も一般的なものは、何らかのスポーツを行いながら、その前後に啓発活動が行われるものである。とくに感染率が高い南部アフリカでのサッカーを用いた活動が年々増加しているという印象が強い。サッカーやその他のスポーツの場で、練習や試合の間の休憩時間や終了後の時間に、参加者に対するレクチャーやワークショップを開くものであり、「スポーツの場」を活用している以外は、他の啓発活動と大きな違いは見られない。しいていえば、屋外スポーツでは野外で啓発が行われるため、開放的で話しやすい雰囲気で行われていることが多い。

この形態の活動は、ケニアの最大のスラムであるマサレ地区で一九八七年に設立された"Mathare Youth Sports Association: MYSA"の啓発活動が先駆けといわれている。ＭＹＳＡには、二〇一二年時点で男女合わせて二万五、〇〇〇人以上が参加しており、一、八〇〇をこえる

表4－3　スポーツの場におけるHIV/エイズ啓発を行う主なNGO

Organization	Main Field	Established	Sport
Mathare Youth Sport Association	Kenya	1987	Soccer
Kick It Out	South Africa	1993	Soccer
Hoops 4 Hope	South Africa	1995	Basketball
Sport in Action	Zambia	1998	Soccer
Edu Sport Foundation	Zambia	1999	Sports
Kicking AIDS Out	Kenya	2001	Soccer
Vijana Amani Pamo ja	Kenya	2001	Soccer
Magic Bus	India	2001	Several
Africaid	South Africa	2002	Soccer
Grassroot Soccer	Zimbabwe	2002	Soccer
Nawalife Trust	Namibia	2003	Soccer
Coaching for Hope	Burkinafaso	2004	Soccer
Kick 4 Life	Lesotho	2005	Soccer
Albion in the Community	Mali	2005	Soccer
TRIAD Trust	U.S.A	2007	Soccer, Basketball
HIV Sport	South Africa	2007	Several
Foundation of Hope	Zambia	2007	Several
Show Me Your Number	South Africa	2009	Soccer

（出典：岡田千あき（2013）「スポーツを用いたHIV／AIDS啓発」）

チームによって年間約一四、〇〇〇のサッカーの試合が行われている（MYSAホームページ 2012）。この世界最大規模の「スポーツを通じた開発」を行う活動のプログラムの一つとして、ユニセフの協力を得て、約一万五、〇〇〇人の青少年に対するＨＩＶ／エイズの啓発活動が行われている。

(3)　身体活動に組み込まれた啓発

この形態の活動は、数はそれほど多くないが、是非、紹介したいユニークなものである。先述の“The Kicking AIDS out!: KAO”は、ノルウェー政府の支援を受けた「サッカーを用いたＨＩＶ／エイズ啓発に関するネットワーク」であり、二〇〇一年にケニアで開始され、ザンビア、ジンバブエ、南アフリカ、ナミビアなどに活動の対象を広げている。ＫＡＯは、各国の団体を支援する活動を中心としており、子どもや青少年を対象とした実際のサッカー活動は、国や地域ごとに異なる団体によって行われている。支援の一環として、ＫＡＯが独自にまとめた『性とリプロダクティブヘルスに関するガイドライン（Sexual and Reproductive Health Guidelines）』、『活動紹介（The Activity Book）』、『指導者のための教本（The Training Pathway）』などが配布されているが、最も広く活用されているのが、『エイズを蹴り出そう―身体を使ったゲームとスポーツ活動を通して―（Kicking AIDS Out ―Through movement games and sports activities―）』だろう。本書ではＫＡＯが開発し、各国の活動で使用されている一二の代表的な運動やゲームが紹介されている。

図４－２は、そのうちの一つである。「障壁をくずせ」と名付けられたゲームでは、参加者が二チームに分かれて、離れた場所からボールを投げて敵陣の的を倒し、倒れた数で勝敗を競う。勝敗が決した後に、ＨＩＶ／エイズに関わる「文化的障壁」について話し合うもので、倒した的は「文化的障壁」のメタファーとなっている。このゲームでは、対象者の年齢や人数、場所、ルールなどに細かい決まりがなく、参考として示されているものにいくらでも変更を加えることができる。ただ、活用がしやすい一方で、ゲームを開発し、編集したＫＡＯのスタッフ自身からは、変更を加えすぎたり、啓発に力を入れすぎたりすることによって、「スポーツ」、「サッ

ゲームの名前：障壁をくずせ
ローカル名：—
ライフスキル的目標：HIV/エイズについて話すための文化的障壁を取り除く方法の導入を助ける
スポーツスキル的目標：正確な投てき技術の向上

場所：中規模の空き地、屋内・屋外
人数：10人以上
対象：女子、男子
用具・物品：牛乳ボトル（プラスティック製）、ボール

概要：このゲームの目的は制限時間内（1回5分まで）に相手チームの文化的障壁（牛乳ボトル）をチームで協力してできるだけたくさん倒すことです。プレーヤーは、ボールを投げる時、止める時にその時にいる場所から1歩だけ動くことができます。両チームとも中央のラインをこえることはできません。ボールを相手チームの文化的障壁を倒すために投げるかころがして下さい。プレーヤーは、相手チームのボールが自チームの牛乳ボトルに当たる前に足を使って止めなければなりません。ゲームの終了時により多くの相手側の文化的障壁を倒していたチームが勝ちです。

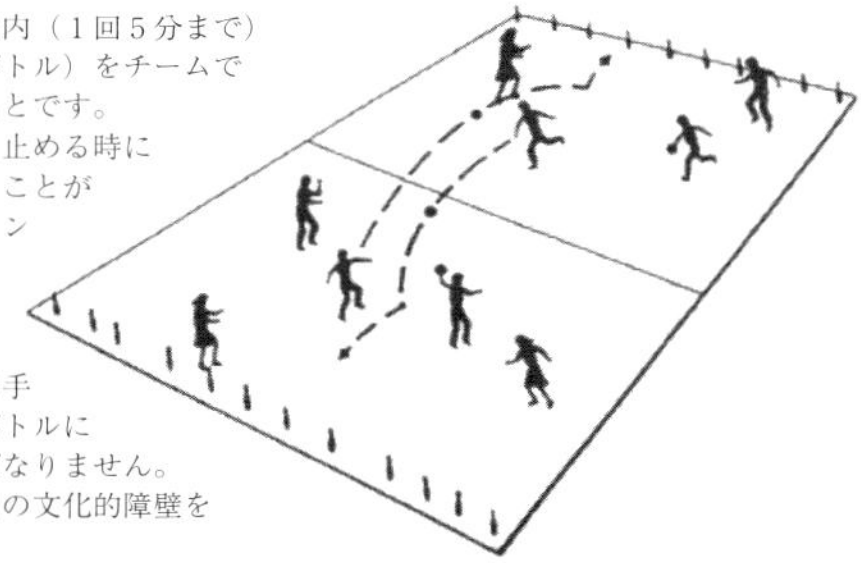

レベルの変更（の可能性）：
-プレーヤーの数の増加／減少？
-ボールの数の増加／減少？
-ボールを止める際の足の動きの制限？

16才～19才対象
障壁をくずせ

ゲーム終了後の活動：
ゲーム終了後に、HIV/エイズ教育・啓発に関わる文化的障壁とは何かについて議論して下さい。これらの障壁をくずすための活動について皆で話し合いましょう。
例えば、コンドーム使用を取り巻く文化的障壁について、年少の子どもたちに伝えるパペットを作成するといったことにつなげることができるでしょう。

→　新しいゲームへの展開
もし、
-ゲームをする場所を広くしたり狭くしたら？
-ゲームをジェンダー差別によって作られた障壁をくずすことを教える内容にしたら？
-ボールを投げる代わりに蹴るようにしたら？

→　おすすめの点
このゲームは、体育授業の一部にもカリキュラム外の活動にも活用できます。通常の練習の後のクールダウンの際の活用も可能です。

図4-2　ゲームの例「障壁をくずせ」
（出典：岡田千あき（2013）「スポーツを用いたHIV／AIDS啓発」）

カー」としての効果が薄れることへの疑問の声も上がっている。しかしこのことは、参加者たちが、「サッカー」の活動の中で、HIV／エイズ啓発という意味での成果を挙げたことを示していると捉えることもできるだろう。

ライフスキルの獲得

ここで、HIV／エイズ啓発において、中心的な概念となることが多い「ライフスキル」に触れておこう。「ライフスキル」は、世界保健機関（World Health Organization: WHO）によって「個人が、日々の生活における要求や問題に効果的に対応するために必要な、適切かつ積極的にふるまう能力」と説明されている。より具体的には、二〇〇三年のUNESCAPによる「問題解決、批判的思考、効果的なコミュニケーションの技術、意思決定、創造的思考、対人関係スキル、自己認識を構築する技術、共感力、ストレスと感情の起伏への対処」(UNESCAP 2003）という説明が分かり易いであろう。日本語に訳すと「生きるための技術」となり、すなわち、人間が社会的な存在として、日々の生活満足度を高めるために求められる、時には地域ごとに異なるコミュニケーションの基本や人間関係の構築のための技術を意味している。

HIV／エイズ啓発を行うにあたり、参加者がエイズや性に関するさまざまな情報を得たところで、性に対する価値観や、感染につながりやすい性行動を改めなければ新規感染を防ぐことはできない。そのためには、知識として情報を得るだけでなく、具体的な行動変容につなげるためのライフスキルを身に付けることが最も重要である。ライフスキルは、当然ながら他者や社会との関わりの中で身に付けるべきものであり、本や定義を読んだだけで会得することは不可能である。また、これらを身に付けているか否かについては、極めて主観的で限定的な判断しかできないため、一部の研究者からは、「ライフスキルは、ＨＩＶ／エイズ啓発における『お題目』に過ぎない」という批判も生まれている。表４－４は、ライフスキルの獲得が、どのようにＨＩＶ／エイズ問題に活用可能かということを示している。

ライフスキルは、ＨＩＶ／エイズを病気としてではなく社会課題として捉え直し、人間と「ＨＩＶ／エイズとの共存」を想起させる広範な内容を含んでいる。開発と平和のための国連タスクフォース（The United Nations Inter-Agency Task Force on Sport for Development and Peace）は、「スポーツを通じて学ぶライフスキルとは、人々をエンパワーし、自己回復力、自尊心、他者との結びつきを高めるなどの『心理的ウェルヴィーング』を高めるものである」（The United Nations Inter-Agency Task Force on Sport for Development and Peace 2003）とスポーツによるライフスキルの獲得とその効果を示している。あまりに広範な内容で、スポーツやサッカーを通じた活動によって、これらのライフスキルを身に付けることができると断言する

表４－４　ライフスキルとそのHIV/エイズへの応用

	ライフスキルの内容	事　　例
ライフスキル1	意思決定	エイズで倒れた両親の世話をするため学校に来なくなった友達について、どうしたら手助けできるか相談して決める。
	問題解決	年長の少年のグループが、少女に対して叫んだり、脅かしたりした。この少女は、次に同じことが起こった場合、どう対応すべきか考えている。
ライフスキル2	批判的思考	少女が１人で歩いていると、知らない男が車で送ろうと言ってきた。少女は、危険だと考え、その誘いを断った。
	創造的思考	HIV陽性の少年は、将来の仕事の選択肢を挙げ、その仕事を得るためには何をすべきか熟考する。
ライフスキル3	コミュニケーション	子どもが、自分の叔父さんがHIV陽性だということで恐怖心を抱いていた。その恐怖心について、両親や兄に伝え、相談することができた。
	対人関係	友達たちから、週末、一緒にナイトクラブへ行って、飲もうと誘われた。断るとからかわれることは分かっていたが、仲間からの圧力に屈せず、NOと言った。
ライフスキル4	自己認識	少女が自分の性的欲求を意識し、それによって合理的な判断が鈍るかもしれないと認識するようになる。このような自己認識は、無防備な性交渉の危険に面するような状況を避けることに役立つ。
	共感	どうしたらエイズ孤児を手助けできるだろうかと、子どもたちのグループが考える。
ライフスキル5	ストレスと感情への対処	少女が、自分を性的に虐待した父親に感じている憤りへの対処の仕方を学ぶ。同じような生活環境に置かれた子どもたちが、それぞれの経験を共有しながら苦悩に対処しつつ、積極的に生きていくための目標を設定する。

（出典：勝間靖（2007）「教育と健康―HIV/エイズを中心として―」国際開発学会）

ためには、より多くの考察が必要である。さらに慎重な見方をすれば、サッカーの練習や試合、大会などの場においてライフスキルを身に付けたとしても、それを現実の社会生活の中で活かすためには、もう一段階、工夫が必要であろう。しかし、スポーツは、他の手段と比較した際に、ライフスキルの内のいくつかを身に付けるために有効な特徴を持っているため、ＨＩＶ／エイズ啓発のみならず、他の地球規模の課題に対処するための個々人の能力向上にも寄与する可能性を有している。これらの成果を明らかにすることができれば、「スポーツが個人の行動変容を促すほどの力を持つ」という証明にもなるだろう。

5．サッカー×ＨＩＶ／エイズ活動の有効性

四つの目的

前節で紹介したように、近年、スポーツを通じたＨＩＶ／エイズ啓発は、複数の形態に分類することができるほどにまで増加している。この中で一般的なＨＩＶ／エイズ対策では、①感

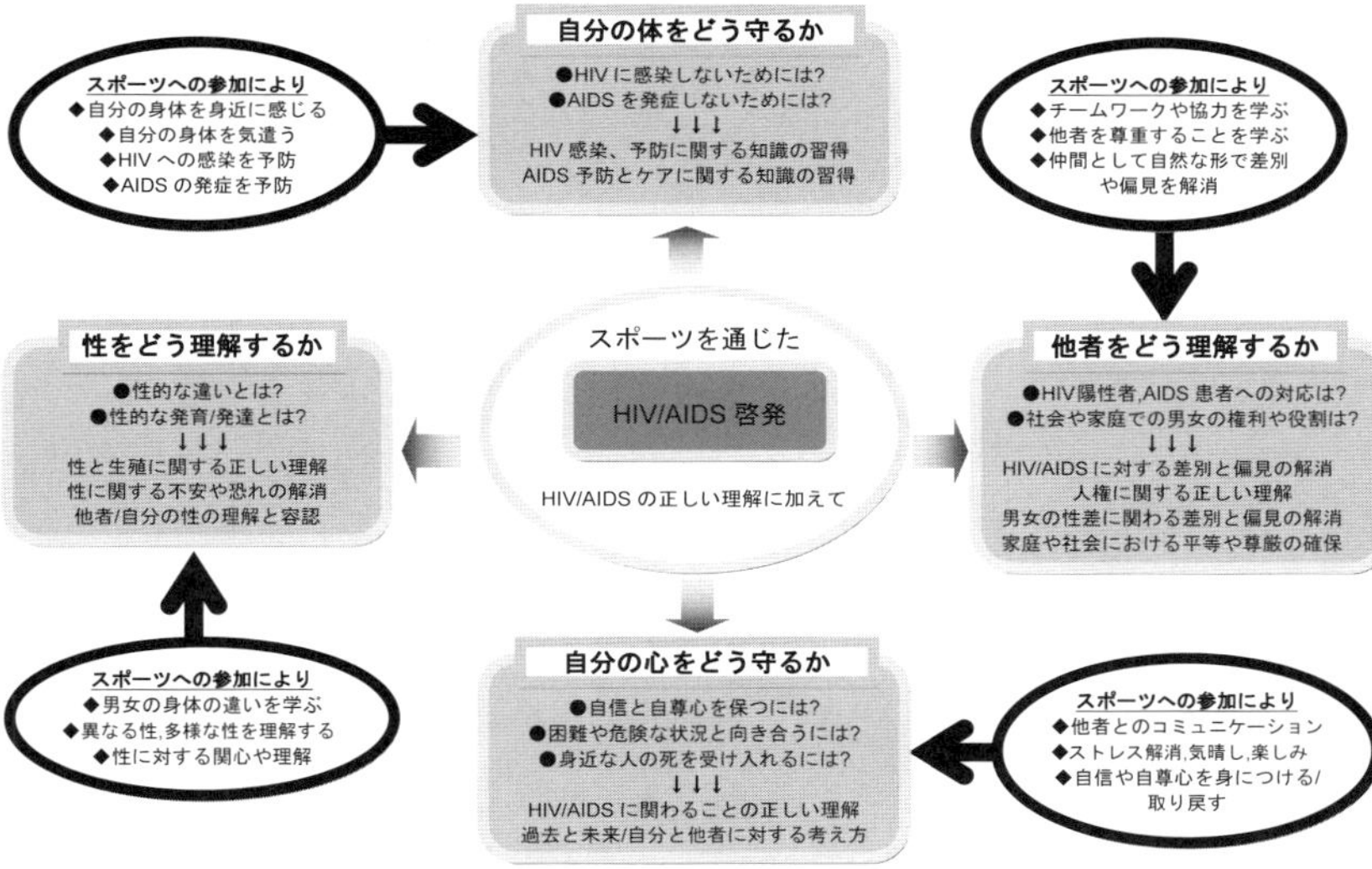
自分の体をどう守るか
●HIV に感染しないためには?
●AIDS を発症しないためには?
↓↓↓
HIV 感染、予防に関する知識の習得
AIDS 予防とケアに関する知識の習得
スポーツへの参加により
◆自分の身体を身近に感じる
◆自分の身体を気遣う
◆HIV への感染を予防
◆AIDS の発症を予防
スポーツへの参加により
◆チームワークや協力を学ぶ
◆他者を尊重することを学ぶ
◆仲間として自然な形で差別や偏見を解消
性をどう理解するか
●性的な違いとは?
●性的な発育/発達とは?
↓↓↓
性と生殖に関する正しい理解
性に関する不安や恐れの解消
他者/自分の性の理解と容認
スポーツを通じた
HIV/AIDS 啓発
HIV/AIDS の正しい理解に加えて
他者をどう理解するか
●HIV陽性者,AIDS 患者への対応は?
●社会や家庭での男女の権利や役割は?
↓↓↓
HIV/AIDS に対する差別と偏見の解消
人権に関する正しい理解
男女の性差に関わる差別と偏見の解消
家庭や社会における平等や尊厳の確保
スポーツへの参加により
◆男女の身体の違いを学ぶ
◆異なる性,多様な性を理解する
◆性に対する関心や理解
自分の心をどう守るか
●自信と自尊心を保つには?
●困難や危険な状況と向き合うには?
●身近な人の死を受け入れるには?
↓↓↓
HIV/AIDS に関わることの正しい理解
過去と未来/自分と他者に対する考え方
スポーツへの参加により
◆他者とのコミュニケーション
◆ストレス解消,気晴し,楽しみ
◆自信や自尊心を身につける/取り戻す

図４-３　スポーツを通じたHIV／AIDS啓発

染を防ぐ正しい性行動の理解、②検査の受診率の向上、③ＨＩＶ陽性判定後にエイズの発症を抑えるための知識の普及と治療、④偏見や差別の根絶、⑤エイズ患者への適切な医療の提供、などが目的とされ始めた。ＨＩＶ／エイズ啓発では、「未だＨＩＶに感染していない者」に対する感染予防のみを目的としているように考えられがちであるが、ＨＩＶ陽性者に関する正しい知識の提供や、社会における差別や偏見の廃絶も大きな目的の一つである。さらに、陽性者本人や周りの家族、コミュニティの住民にとっては、医療、保健面に加えて、精神面でのケアという文脈においても啓発が重要であることは言うまでもない。

図4－3は、「スポーツを通じたＨＩＶ／エイズ啓発」の概略をまとめたものである。ジンバブエのＰＬＦＣの事例の検証に加えて、これまでのさまざまな「スポーツを通じたＨＩＶ／エイズ啓発活動」に関する報告書や研究から、多くの活動に共通する目的を抜き出したところ、①自分の身体を守る、②自分の心を守る、③他者を理解する、④性を理解する、の四つに集約された。

全ての活動の現場において、これら四つの目的の全てが達成される訳ではないが、スポーツによる具体的な貢献が見て取れるだろう。これらのスポーツが果たし得る役割を理解した上で行われる「スポーツを用いた啓発活動」は、スポーツが単なる娯楽や教育手段の域をこえ、人の生き方そのものを教授する一方法になり得る可能性を示している。

自発性の積み重ね

ジンバブエのＰＬＦＣの事例では、ＨＩＶ陽性者、中でも女性を主役とした世界でも珍しいサッカー活動が行われていた。ここでは、個人や家族の問題とされがちなＨＩＶ／エイズ問題を地域の問題として捉え、相互扶助関係を構築することによって「自発的に」諸課題を解決しようとする女性たちの姿がみられた。この自発性の積み重ねこそが問題の緩和には不可欠であり、長期的には、女性たちが元気にサッカーをしている姿を示すことで、ＨＩＶ／エイズが国際社会全体の課題と認識されていくことが理想である。

ＰＬＦＣには、ＨＩＶ／エイズにまつわるさまざまな困難を抱えた女性たち集っていたが、同じ境遇の人々が一つの目的に向かうことで、不安や怖れといった負の感情の支配から解放されるばかりか、正の感情や具体的な行動を生み出すパワーが作り出されていた。参加するメンバーの生活の質の向上や、家族やコミュニティにおける差別や偏見を無くすというのがＰＬＦＣの設立の目的であったが、サッカーをきっかけに収入創出のための活動が行われたり、外国で試合を行うことによって、女性たちが「積極的な姿勢」を見せ、社会そのものを変える力と

写真４-６　校門に設置されている校名を示す看板

なる萌芽が見られた。この力は、ジンバブエの将来にとっても有効であると考えられ、このような「自発的な」活動に対する支援は、陽性者や患者に対する精神的なケアという観点からも費用対効果が高いといえるだろう。

ＰＬＦＣの活動を見ていると、さまざまな社会課題の解決に当事者が声を上げることの重要性を強く感じる。その媒体として活用されるサッカーは、やはり世界中で愛され、人々を熱狂させる他のスポーツにはない深い魅力を持っている。現在は、全国的な活動が休止されているＰＬＦＣの活動であるが、各地区で行われている地道な活動だけでも何らかの支援を得て継続されていくことを願うばかりである。

地球規模の課題の解決に向けて

本章では、地球規模の課題の一つであるＨＩＶ／エイズに関わるサッカー活動について、ジンバブエの事例を中心に取り上げた。地球規模の課題は、一つの課題のみでも人々の生活の質を落とすが、課題が課題を呼ぶことで、より一層深刻化したり、長期化したりする。このような負のスパイラルに陥る前に解決することが理想であるが、開発途上国の多くの国では、政府の問題対処能力が低く、本来は国全体の課題であるべきもののほとんどが、個人の責任に転嫁されている。ジンバブエのＨＩＶ／エイズ問題のように、個人の健康、体調の問題と捉えられていた課題の規模が急激に拡大し、そのことに起因して社会が機能不全に陥った後に、ようやく国が重い腰を上げるという事例は稀ではなく、この対処能力の欠如と社会の脆弱性こそが、ある程度の経済発展を遂げてもなお不安定さから抜け出せない国々に共通する特徴であろう。

ジンバブエの事例では、困難の中でサッカーを用いて自己の変革と自己実現を達成し、協力して逞しく生き抜こうとする女性たちの姿をみることができた。「公」が当てにならない中で、当然ながら人々の力とアイディアが諸々の課題の解決に向けて最も重要となる。その力を集約する場として活用されるサッカーには、他の開発ツールにはない大きな力があるのではないだろうか。サッカーを社会的な存在としてマクロな視点から捉えると、ＨＩＶ／エイズをはじめとした個々の地球規模の課題を解決に導く力は持ち合わせていないかもしれない。しかし、ミクロな視点から、人々の生活の一部、あるいは生活の中の課題を解決する媒体としてサッカーを捉えるならば、他者とのコミュニケーションの場となったり、ライフスキルの獲得を可能にしたりといったさまざまな効果が期待できる。

残念ながら、地球規模の課題の深刻さ、真の問題点は当事者にしか分からない。改めて言うまでもないが、地球規模の課題は、単に課題の規模が大きいことを示しているのではなく、深刻な課題を背負った人々が地球上の至る所で現在も苦しんでいることを示している。私たちは、そのことを忘れてはならないが、同時に課題を抱える本人たちが声を上げることと、そのための国際社会からの助けが必要である。課題を抱える当事者たちの自発的な解決への挑戦を手助けする何らかの仕掛けが重要であり、それ故にＰＬＦＣのような活動の有効性は高い。二一世紀の現在、世界規模で広がりを見せているサッカーは、「当事者」たちが声を上げる手段として、「当事者」の声を拾う媒体として、さらには、「当事者」と「外部者」の垣根をこえる仕組みとして重要な役割を果たし得るのではないだろうか。

第5章
国の未来をイメージする

1．Ｊリーグのアジア戦略

東南アジアの選手たちがやってきた

二〇一三年四月一三日、沖縄にマレーシアから大勢の報道陣が押し寄せていた。この日は、ＪＦＬのＦC琉球でプレイするＭＦワンザック・ハイカル・ビン・ワンノル選手の日本での公式戦デビューの日であった。ナジール・ナイム・ビン・チェ・ハシム選手（二〇歳）とともに沖縄にやってきたワンザック選手は二二歳。マレーシアでは「ヤングタイガー」と呼ばれる期待の成長株である。マレーシアナショナルチームのチームカラーは、ベンガルトラをモチーフにした黄色であり、ワンザック選手が若手のホープとして期待を集めていることがよく分かる。佐川急便ＦＣとの試合で日本デビューを果たしたワンザック選手は、翌日のマレーシアの複数の新聞の一面を飾った。

七月には、Ｊ2のコンサドーレ札幌とベトナムのレ・コン・ビン選手が期限付き移籍契約を結び、東南アジアの国からは初のＪリーガーが誕生した。レ・コン・ビン選手は、二一日の愛媛ＦＣ戦に途中出場、後半四〇分からの短い出場であったが1アシストを決めた。ベトナムの

Vリーグで過去三回の最優秀選手賞を獲得したレ・コン・ビン選手は、実力、人気ともに国内ナンバーワンの選手である。ベトナムのテレビ局は、今季の残り試合の放映権の購入を希望しており、コンサドーレ札幌には数千万円の臨時収入が見込まれている。ちなみにコンサドーレ札幌は、経営難のために有力選手の獲得が難しく、J1に上がるものの定着できてこなかったといわれている。二〇一三年九月現在、J2で八位のコンサドーレ札幌がJ1に返り咲くためにレ・コン・ビン選手のさらなる活躍とベトナム国内での盛り上がりに期待が持たれている。

表5－1　Jリーグクラブのアジアでの活動（2012年）

3月29日	ヴィッセル神戸がチョンブリFC（タイ・プレミアリーグ）と提携を発表
3月29日	セレッソ大阪がバンコク・グラスFC（タイ・プレミアリーグ）と提携を発表
4月15日	FC岐阜が公式戦の台湾での放送を発表
7月16日	横浜FCが香港1部に「横浜FC香港」として参入を発表
7月下旬	名古屋グランパスU-15がタイ遠征
7月下旬	浦和レッズがハートフルサッカーinタイを開催
8月下旬	C大阪、神戸U-15がタイ遠征
9月2日	香港リーグで横浜FC香港がデビュー
10月16日	神戸がチョンブリFCのU-15の2選手を留学生として2ヶ月受け入れ
11月10日	名古屋が来年のタイでのキャンプ及びTOYOTAプレミアカップ出場を発表
11月10日	清水がシンガポール代表と練習試合を実施
11月15、17日	岡山がミャンマーに招待されミャンマー代表と対戦
11月16－25日	福岡がベトナムに招待されBTV CUP出場 ブラジル、ベトナムのクラブと対戦
12月11日	ジュビロ磐田がムアントンユナイテッド（タイ・プレミアリーグ）との提携を発表
12月11日	ベガルタ仙台U-12がタイ遠征を実施

（出典：Jリーグおよび各クラブのプレスリリースより作成）

二〇一二年にJリーグは、「アジア戦略室」を設置し、アジア諸国、とくにASEAN（東南アジア諸国連合）の国々との連携を開始した。二〇一二年二月にタイ、八月にベトナム、ミャンマーのプロリーグとパートナーシップ協定を結び、これらの国々とJリーグのクラブとの橋渡しを次々に行った（表5－1）。二〇一三年五月にはカンボジア、六月にはシンガポールとの協定も締結している。

ASEANでの露出の拡大

Jリーグのクラブ数は、二〇一二年にJ1、J2を合わせて四〇クラブまで拡大しているが、八年連続黒字のクラブがある一方で、一二クラブが赤字を計上しており、明暗が分かれ始めている。さらに、二〇一二年の「クラブライセンス制」の導入後の二〇一四年度決算からは、債務超過や三年連続の赤字に陥ったクラブにはライセンスが交付されず、リーグ参加が認められないため、経営の健全化はこれまで以上にクラブの存亡をかけた必須事項となっている。Jリーグ全体では、ピーク時の二〇〇九年にJ1、J2合わせて約九五〇万人であった観客動員数を二〇一二年には約八七〇万人まで減らしており、二〇一二年の決算では赤字を計上していることから、新たな市場としてのアジア、とくに近年、経済開発が進むASEANを意識するこ

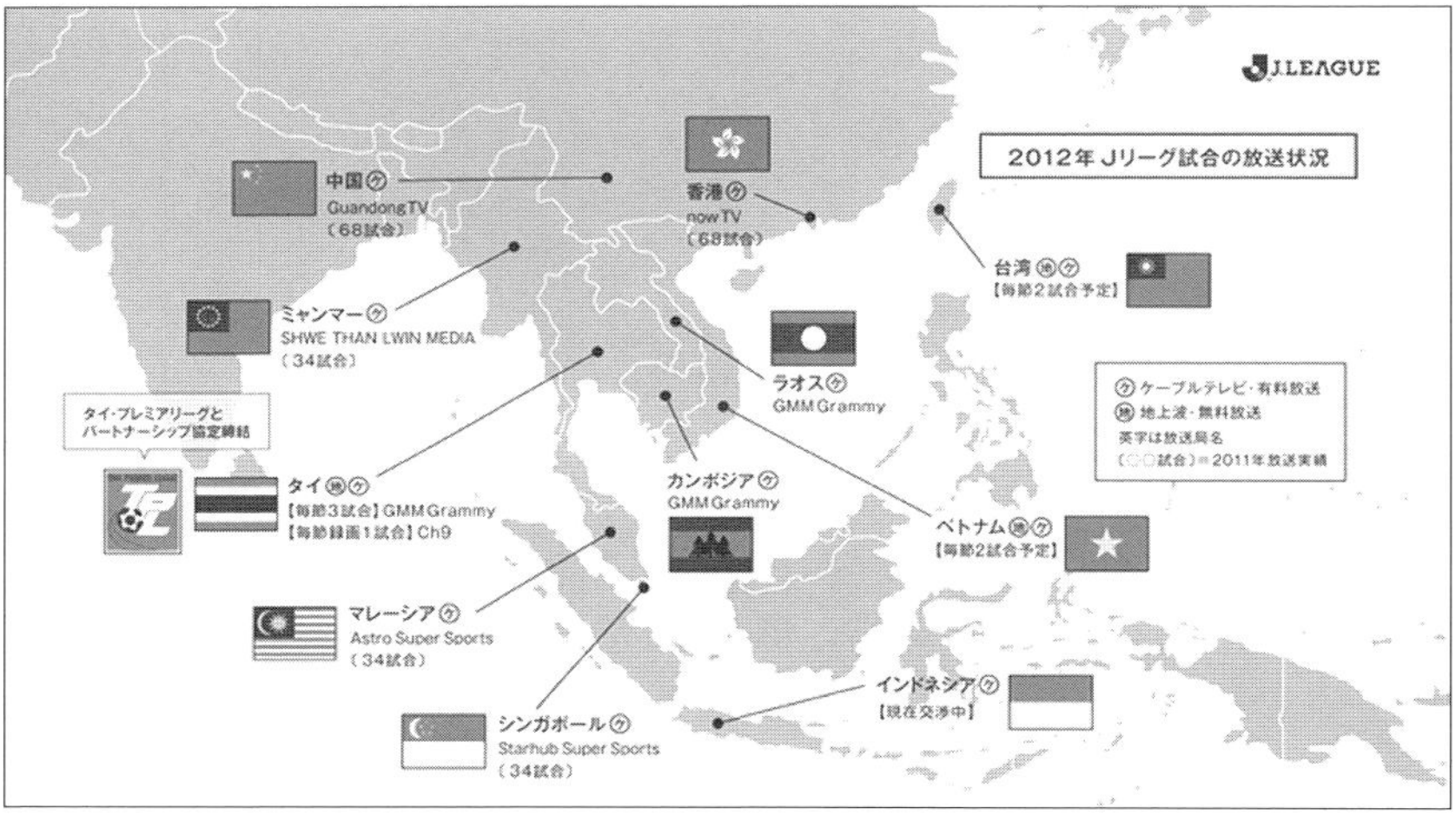

図５－１　東南アジアでのＪリーグの放送
（出典：BUAISO（2010）「Ｊリーグのアジア戦略」）

とは、経営戦略上、もっともであるといえる。

プロリーグのコンテンツ化といえば、イングランドのプレミアリーグがトップランナーとして名高い。二〇一一年には世界二〇〇か国以上でリーグの試合が放映されており、アジアだけでも一〇か国、その収益は六〇〇億円をこえている。今や巨大市場となったアジアから、プレミアリーグやリーガエスパニョーラなどの欧州に流れる額は、年間約一〇〇〇億円といわれているが、Ｊリーグは、いずれはアジアで生み出された資金は、アジアのサッカーの発展のために使うという理想を掲げており、「（Ｊリーグは）アジアの提携国とのフットボール発展のためのコミュニケーション、マーケティング、大会運営、アカデミー、選手の移籍などのさまざまな分野で協力し、プロリーグの組織、マネジメントの質的向上と効率化を目指す」と述べている。これは、「あくまでもコンテンツとしてのJリーグを輸出するのではなく、リーグおよびクラブ運営、選手育成のノウハウをアジア諸国に提供することにより、アジア全体のサッカーの底上げに資する取り組みをおこなうこと。さらには、アジア諸国とJリーグの親和性を高め、東南アジアにおいて競合すると考えられる欧州のトップリーグとの差別化を図っていく」（井上、二〇一三）と説明される。

Jリーグは、アジアの複数の国においてJリーグ公式戦の地上波放送を開始している。現段階では、放映権料によって生まれる利益を優先せず、各国への知名度の拡大を優先しているため、一部の国で無償での放送を行っているが、各所で取り上げられている「無料放送」とはニュアンスが異なっている。現時点での放映権の提供は、長期的視野に基づいた戦略の一部であるが、ここでJリーグのアジア戦略の全体像を見てみよう。

アジア戦略の中身とは

Jリーグの「アジア戦略」とは、日本国内で頭打ちとなっている収入増をアジア市場で目論んでいるという単純なものではない。Ｊリーグは「百年構想」の中で、日本各地にサッカー場を囲んだ理想のホームタウンを作ること、それによってサッカーを中心とした地域振興や、そこに暮らす人々の幸福を目指すコミュニティを思い描いている。「百年構想」の発表から一七年、Ｊリーグ開幕から二〇年の節目を前に発表された「アジア戦略」は、この「百年構想」の実現にアジアの国々も巻き込み、Ｊリーグが目指す理想のホームタウンがアジアの至る所で見られることを理想に掲げた壮大な挑戦である。

日本のサッカーは、わずか二〇年足らずの間に飛躍的な成長を遂げた。一九九三年のＪリーグ開幕後、ワールドカップに四回出場し、うち二回はベスト16に残るというとくにアジアの国々にとっては驚嘆の出来事が続いた。アジアは、選手の体格や身体能力、サッカーの技術や戦略、サッカー文化の成熟度、歴史などのさまざまな側面で、欧州、中南米などに大きく水をあけられており、わずか数年でこの差を埋めることなど不可能だという理解が一般的であった。日本のサッカー界は、マネジメント、育成システム、指導者の質向上、施設環境整備などのサッカーに関わるさまざまな「仕組み」の部分、また、トレーニングや心理面のサポート、栄養学などの選手のパフォーマンスを上げるスポーツ科学の知識と経験の活用によって、この「アジアの国が世界に太刀打ちできるはずがない」という大方の予想を覆してきたのである。

当然ながら、アジア諸国からは、この成果を生んだ技術や経験の移転に対する期待が高まっており、Ｊリーグはこれらの期待を受けて、さらにはアジア全体の底上げによってもたらされる日本サッカーへのメリットを勘案した上で「アジア戦略」を打ち出した。Ｊリーグは、アジアで最も成功したモデルを持つ組織としての国際社会やアジアでの役割を認識しており、「アジア戦略」によって、総合的にアジアの国々をリードして行こうとしている。二〇一二年に大東チェアマンは、雑誌の対談の中で「ノウハウをシェアすることで、利益は求めません。狙いは、アジアの中で日本のリーグ運営のノウハウをスタンダードにすること。無償で供給し、デファクトスタンダードを握ってから利益を得るという最近のビジネスモデルと共通するものです。日本のスタイルが浸透すれば、恐らく、最後に得するのは日本になります。また、アジアのレベルが早く向上すれば、日本が成長する基盤も早くできる。そのためには無償でシェアするのが一番です」（月刊事業構想、二〇一二）と述べている。

「アジア戦略」では、先述のようなＪリーグクラブと各国クラブの橋渡しや、テレビ放送による日本サッカーのアジアでの露出の拡大を行っているが、日本サッカー協会（ＪＦＡ）も、監督や審判といった人材の派遣によって、アジアの国々のレベルアップを図るという長期的な展望に基づいた協力を行っている。表５－２は、ＪＦＡの人材派遣の中から東南アジアへの派遣を示したものである。全派遣五五件のうち五二件がアジアへのものであり、さらにその中の二二件が東南アジアへの派遣である。

表５－２　JFAから東南アジアへの派遣
（敬称略、2013年現在まで、※はJICAからの派遣）

名　前	派遣国・地域	役　　職	派遣期間
小西　鉄平	ミャンマー	女子フットサル代表監督	2013年７月１日～2013年12月31日
唐木田　徹	カンボジア	審判インストラクター	2013年５月１日～2013年12月31日
木村　浩吉	ラオス	代表監督	2012年７月１日～2014年１月31日
関口　　潔	ラオス	技術委員長	2012年６月１日～2014年１月31日
山口　森久	シンガポール	審判インストラクター	2012年５月１日～2013年11月30日
熊田　喜則	ミャンマー	女子代表監督	2011年８月15日～2014年１月31日
古賀　琢磨	シンガポール	U-14代表監督	2011年４月15日～2016年１月31日
吉岡　大介※	カンボジア	ユース代表監督兼ディレクター	2011年４月２日～2013年２月１日
唐木田　徹※	カンボジア	審判インストラクター	2011年３月24日～2013年３月23日
簗舘　範男	東ティモール	U-16/U-19代表監督	2011年２月１日～2014年１月31日
吉岡　大介※	カンボジア	U-15代表監督	2010年12月７日～2011年11月
手島　　淳※	カンボジア	ユース育成コーチ	2009年６月10日～2010年４月９日
唐木田　徹※	カンボジア	審判インストラクター	2009年６月10日～2010年４月９日
唐木田　徹※	カンボジア	審判インストラクター	2008年５月１日～2009年２月28日
影山　雅永	シンガポール	U-16代表監督	2008年２月１日～2009年１月31日
阿部　圭亜※	フィリピン	ユース育成コーチ	2007年９月19日～2008年７月17日
前川　義信	ミャンマー	フットサル代表コーチ	2007年９月17日～2007年12月22日
手島　　淳※	カンボジア	ユース育成コーチ	2007年８月１日～2008年５月29日
榮　　隆男	ミャンマー	フットサル代表コーチ	2007年２月20日～2007年４月５日
阿部　圭亜※	フィリピン	ユース育成コーチ	2006年８月１日～2007年３月31日
神戸　清雄	フィリピン	代表監督	2002年３月１日～2003年２月28日
今井　雅隆	フィリピン	代表監督	2001年１月１日～2001年12月31日

（出典：JFA資料より筆者作成）

なぜ、いまJ3なのか

「アジア戦略」を掲げたJリーグは新たな一歩として、二〇一四年シーズンから現在のJ1、J2に加えて、J3を設置する準備を進めている。一時期、高まっていたJリーグのクラブ数の削減の議論とは全く逆の動きであり、J1、J2で赤字のクラブが見られる中、また、J1、J2の観客動員数が下降している中、なぜJ3を新設するのだろうか。

J3設立の背景には、長い間議論されていたJリーグとJFLの棲み分けの問題がある。現在、J1、J2に続くリーグとして位置しているJFLの中には、Jリーグ加盟を目指すチームと旧来型の企業スポーツとしてリーグを戦うチームが混在している。これにより、「上を目指すのか目指さないのか」、すなわち「クラブ」としてジュニアの育成や地域振興も含めて取り組むビジョンを持つか否かが異なるチームが混在しており、JFLの位置づけが曖昧なままとなっていた。この中で、J2からJFLに降格するチームが出たことから問題は深刻化する。クラブ運営の仕組みという意味でJ1、J2とつながっていないJFLへの降格は、それまでにJ2で積み上げてきたノウハウがほぼ無に帰すことを意味する。J1、J2、JFLが同じ仕組みを共有していれば問題はないが、理念や参加チームの特性が異なる中で、単なる競技成績だけで昇格、降格が決まることは、チームや選手、サポーターにとっても酷であるのはもちろん、それまでに得られた貴重な経験や資源を無駄にすることになりかねない。

加えて「アジア戦略」である。かつて、欧州リーグに日本選手が進出したことで日本代表チームやJリーグのレベルも上がったように、アジアの選手に日本でプレイする機会を提供することで、出身国のレベルアップを図ることが目標とされている。Jリーグでは、現在、一試合あたり三人の「外国人枠」に加えて、一人の「アジア枠」の選手を登録することができる。二〇一四年シーズンからは、これらに加えて、東南アジア枠の導入が検討されており、冒頭のワンザック選手、ナジル選手、コン・ビン選手のような東南アジアの国々のスター選手が集まる新たなJリーグの形への夢が膨らんでいる。

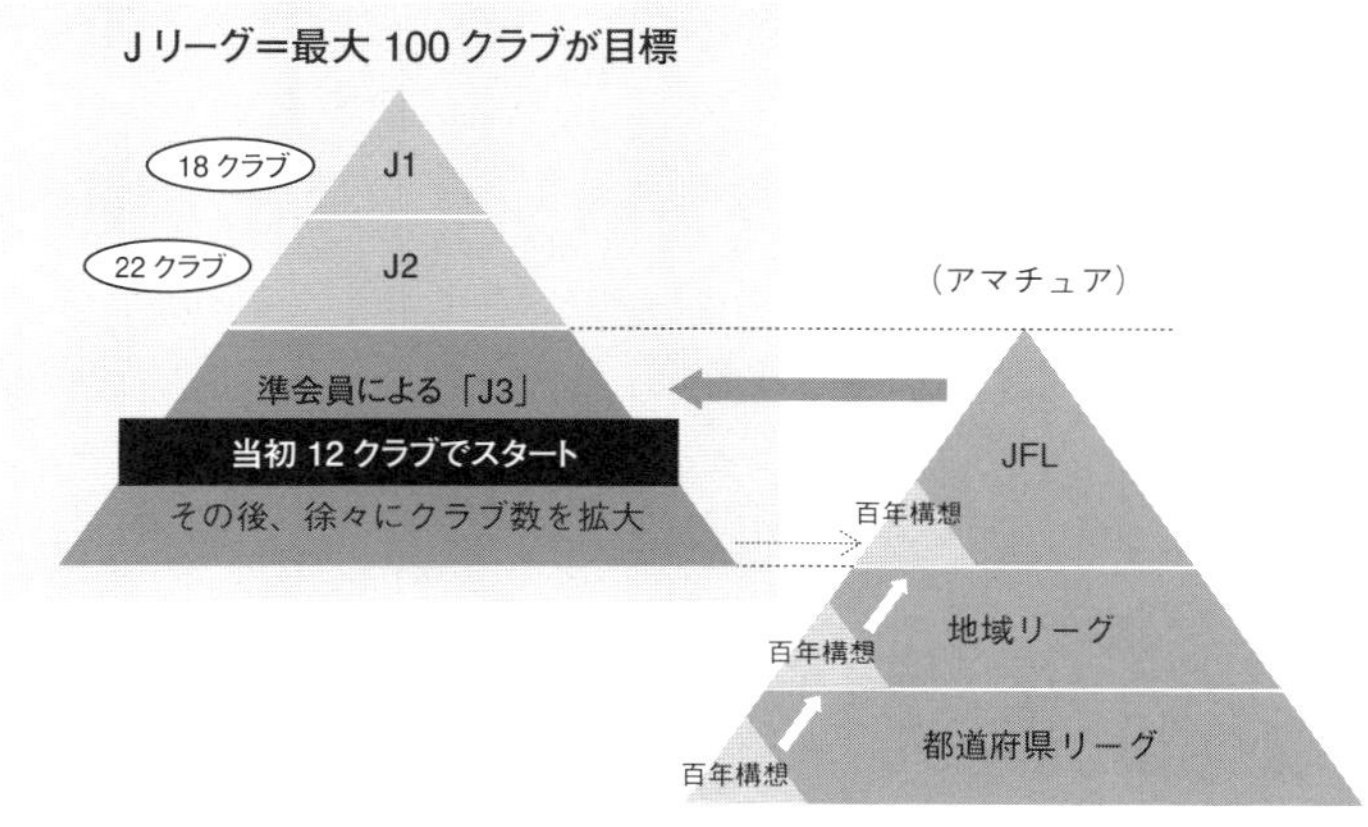

図5-2　J3の仕組み
(出典：Jリーグ)

クールジャパン戦略――政府との連携

Jリーグは、「クールジャパン」を売りとして海外からの観光客を誘致したい観光庁との連携も開始した。「クールジャパン」とは、日本のコンテンツ、サービス、産業など海外で高い評価を受けている「クールな」分野の総称であり、日本政府はこれらを観光資源とすることで海外からの観光客を積極的に呼び込みたいと考えている。二〇一二年三月に観光庁は、「Jリーグとの連携にあたっては観光庁のみならず、外務省、経済産業省、文部科学省など他省庁とも連携し、各国との友好関係深化、クールジャパン推進、青少年交流促進も視野に、オールジャパンによる海外プロモーションに努めます」(観光庁、二〇一二)とJリーグの「アジア戦略」を国として後押しすることを発表した。

日本で初めてのスポーツで観光客を誘致する取り組みは、二〇一〇年から二〇一二年三月まで観光庁長官を務めた溝畑宏氏の前職が、大分トリニータの代表取締役であったことと無関係ではないだろう。

表5-3　観光庁のJリーグに関する主な取り組み

1．Jリーグ観戦を契機とした訪日スポーツ観光促進策の検討
2．現地協力体制の構築
3．現地政府のスポーツ・観光当局への連携・協力の働きかけ
4．ビジット・ジャパン事業のFacebookページにおけるJリーグニュースの発信
5．Jリーグの現地イベント活動への協力

(出典：観光庁ホームページ)

溝畑氏が退いた現在でも、コンテンツとしてのJリーグに対する理解は徐々に広がりつつあり、例えば、二〇一二年三月に開催された「クールジャパン大会議」では、Jリーグが「アジア戦略」に関するプレゼンテーションを行い、一四の国内企業が関心を示した。日本独自のコンテンツとしての位置づけを得たJリーグには、観光業での発展を目指す日本政府と日本の将来ビジョン、とくに「アジアにおける日本像」を共有し、サッカーを通じて国の未来をデザインするけん引役としての役割が期待されている。

近年、ローコストキャリア（LCC）の台頭で、東南アジアからの観光客が急増している。当初は、日本からアジアへの観光客の増加が見込まれていたが、ふたを開けてみると訪日観光客数の増加が顕著であった。日本政府は、二〇一三年の「日・ASEAN友好協力四〇周年」を機にタイ、マレーシア、インドネシア、ベトナム、フィリピンの日本入国ビザの要件を緩和した。このことも追い風となり、日本政府観光局が発表した二〇一三年八月の訪日観光客数は、タイからは前年比一〇二・三％増、マレーシアからは四二・二％増と目覚ましい伸びを示している。他のASEAN諸国からの観光客も軒並み増加しており、今後の更なる広がりが期待されている。

ここで、ASEANとはどの国を指すのかを確認してみよう。ASEANは、一九六七年の「バンコク宣言」によって設立されたインドネシア、カンボジア、シンガポール、タイ、フィリピン、ブルネイ、ベトナム、マレーシア、ミャンマー、ラオスの一〇か国からなる共同体である。インドネシアのジャカルタに本部を置き、二〇一五年に経済、政治・安全保障、社会文化に関わる、EUの連携範囲を拡大したような包括的な域内共同体の設立を目指している。

ASEAN一〇か国を合計すると、世界の総人口の約一〇分の一の六億人に上ることに加えて、近年の高い経済成長率から市場としての期待が高まっており、世界各国の企業の進出が加速している。日本政府も長期的な成長戦略の中で、観光のみでなく、多分野におけるASEANとの連携強化の必要性を強調しており、二〇〇七年に始まった青少年交流事業を引き継ぐ形で、三万人規模で青少年交流を行う「JENESYS 2.0」の実施も決定された。

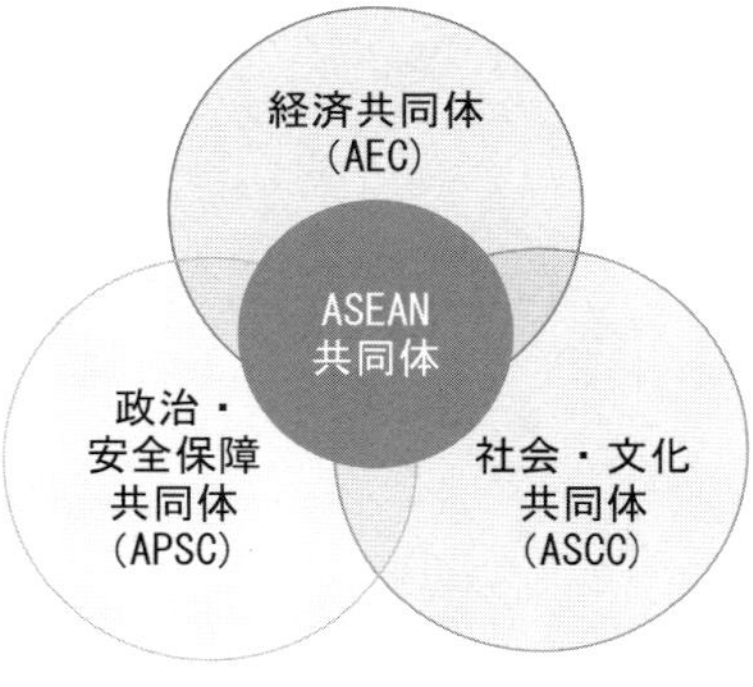

図5-3　ASEAN共同体
（出典：三井物産（2011））

サッカーに話を戻そう。二〇〇〇年代に入り、ASEANの国々でプレイする日本人選手が増え始め、二〇一三年現在、ASEAN各国のチームに在籍する日本人選手数は六〇名をこえている。最近では、松井大輔選手の獲得を試みて話題となったタイリーグだけでも四〇名近くがプレイしており、タイには日本人選手の入団、移籍に特化して支援を行うエージェントも存在する。これまでにASEAN各国のチームに在籍した日本人選手は、累計で一五〇名をこえており、その国で人気選手となっている者も少なくない。日本人選手というと、Jリーガーの欧州、その他の先進諸国のリーグへの移籍のみが話題となるが、現在はそれ以外の国々でプレイする日本人選手も急増しており、同様の傾向は東南アジアの国々においても見られている。二〇一四年シーズンには、アルビレックス新潟がカンボジアで「アルビレックス新潟プノンペン」を立ち上げ、カンボジア一部リーグに参戦する予定である。カンボジア人中心のチームが構想されているが、外国人枠を適用することで日本人もプレイすることになるかもしれない。

選手はよりよい環境、高いレベルを求めて国をまたいで移籍し、ファンはさまざまな国のリーグで活躍する自国の選手を応援するために観光を兼ねて近隣国にでかける。このような光景がASEANの国々と日本の間でも当たり前に見られる日もそう遠くはないかもしれない。日本政府の観光政策とJリーグの連携の機運は、このような未来図をもとに高まっている。

2. 若い力にあふれる国 マレーシア

アジアサッカー連盟とマレーシア

皆さんは、日本も属するアジアサッカー連盟（Asian Football Confederation: AFC）の本部がどこにあるかご存じだろうか。ASEAN、東アジア、南・中央アジア、西アジアの四七か国を束ねるAFC本部は、マレーシアの首都クアラルンプールに置かれている。

マレーシアは、マレー半島の南とボルネオ島の北に国土を持ち、豊かな自然や資源に恵まれた多民族国家である。マレー系六五%、中国系二六%、インド系八%、その他一%で構成され、人口は二、九四六万人（二〇一二年）、近代的な都市と豊かな自然の両方が存在し、多民族国家であるがゆえの多様な価値観を許容する懐の広さを持った国である。かつてイギリスの植民地であったが、イスラム教を国教としている世界でも珍しい国であり、年間を通じて気候が温暖である。マレー半島には東南アジアを代表する大都市を有し、ボルネオ島には豊かな植生を持つ国立公園があることや、異なる宗教や文化、言語に対して寛容な国民性から観光地としての人気が高く、また、近年、日本では定年後のロングステイ先や学生の留学先としても注目されている。

二〇二〇年の先進国入りを目指して掲げた「ビジョン2020」の実現に向かって順調な発展を遂げているが、民族間、地域間の格差が、マレーシアが抱える最大の問題といわれてきた。一九七一年にマレーシア政府は、「プミプトラ政策」を導入し、経済的弱者であったマレー系住民が就職や大学入学の際に優遇を受けるようになり、中国系、インド系との格差が是正されつつある。二〇〇九年に就任したナジブ首相は、「一つのマレーシア、国民第一、即時実行（One Malaysia, People First, Performance Now）」をスローガンに掲げ、国民統合と経済発展によって全国民が豊かさを享受することを目標としている。

多様性を包摂する国として、ＡＳＥＡＮのリーダーとしての役割が求められるマレーシアであるが、多民族国家ゆえに政権運営にはさまざまな工夫がなされてきた。長年の間、民族ごと地域ごとの出身母体を持つ複数の政党が連立与党として国を治めてきたが、二〇一三年五月の総選挙で初めて政権が代わる可能性があるといわれていた。しかし、結果は予想を大きく覆し、現職のナジブ首相率いる一三党連合与党「国民戦線」が勝利、政権を維持した。一三党連合与党という時点で、私たち日本人には想像がつきにくいが、多様性を許容するための多様性の担保と考えると、これほど多くの政党連合による国政の運営は、合理的な形であるといえるのかもしれない。

マレーシアは、全人口に占める若者の割合が多い国である。二〇一八年に行われる予定の次の総選挙では、約二割が初めて選挙権を得て投票を行う世代だといわれている。彼らの投票行動が政治を動かすことは間違いないが、それまでの国づくりの過程においても、若い世代の成長と活躍が不可欠である。若い世代の育成のためにマレーシア政府は、大学の民営化や法人化を進め、一九九二年に一五六校しかなかった私立大学は、現在では五〇〇校をこえた。高等教育進学率は、二〇一一年に三六・五%へと上昇しており、海外への留学者数は、日本を上回る四万九、〇〇〇人に上った（杉村、二〇一二）。それでも国内の大学が整備されたことから海外留学者は減少したといわれており、逆に海外からマレーシアへの留学者数は二〇一〇年に八万人をこえ、アジアの中でも強力に国際化

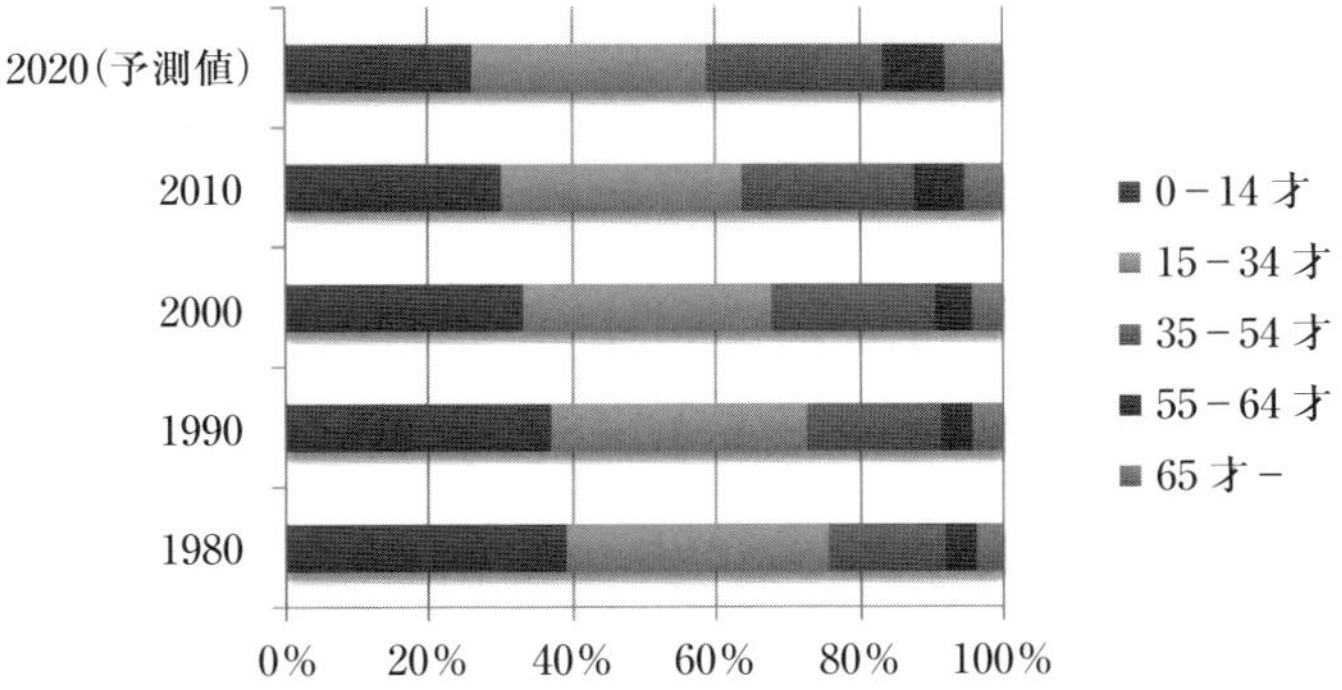

図 5－4　マレーシアの年代別人口比率の推移
（出典：国連（2010）「世界人口白書2010」をもとに筆者作成）

を進めている国の一つであるといえる。

首相とサッカー観戦

暗闇のパブリックビューイングを前にして数万人の若者の大歓声が沸きあがった。舞台上にナジブ首相とシャベリー青年・スポーツ大臣が現れたからである。この日、首相、大臣、若者たちがともに、ヨーロッパ・チャンピオンズ・リーグの決勝戦を大スクリーンで観戦した。マンチェスター・ユナイテッドとFCバルセロナの試合を見るために、夜中にも関わらず、法務省前に設置されたパブリックビューイング前に数万人の若者が集まっていたのである。結果は、三対一でバルセロナの勝利。過去四回、バロンドールを受賞し、この年、二〇一一年に新設されたUEFA最優秀選手にも選ばれたメッシの独壇場であり、大方の予想通りの結果であった。

ナジブ首相は大のサッカー好きで知られている。この試合観戦の前日には、フットサル大会に出場しており、シュートを決めた直後に負傷しながらも、この日は真夜中の観戦に訪れていた。前首相のアブドラ氏もかつての文化・青年・スポーツ省の役人でスポーツに精通しており、さかのぼってトゥンク・アブドラ・ラーマン初代首相は、一九五八年から一九七七年までAFCの会長であった。ラーマン元首相の強力な働きかけによって、AFCの本部はクアラルンプ

写真５-１　パブリックビューイング前に集まる若者たち
（出典："The Star" 2011年５月29日号）

ールに置かれることとなり、さらに一九五九年から始まった「アジア・ユース選手権」の第一回大会の発起人もラーマン氏であった。マレーシアでは、青年・スポーツ大臣は、出世コースといわれるほどであり、青年・スポーツ省のビルは、官公庁街プトラジャヤの一等地に建てられている。

かつてイギリスの植民地であったマレーシアにおけるサッカーの歴史は古く、国技はセパタクローであるがサッカー人気も根強い。一九七〇年代後半のマレーシアは、アジアで一、二を争う強豪国であり、当時の日本代表は歯が立たなかった。一九八〇年代に力を振るったマレーシア代表であるが、その後は約二〇年もの長きにわたり国際大会で活躍できなかった。しかし、二〇〇九年に東南アジア大会"Sea Games"で二〇年ぶりに優勝、二〇一〇年末には、「ＡＦＦスズキカップ」で初優勝し、古豪復活といわれた。二〇一二年には、ロンドンオリンピックアジア最終予選に残り、日本と同組で全敗となったものの、国内の盛り上がりは最高潮に達した。また、近年は、日本のみでなく、ポルトガル、イタリアなどでプロ契約を結ぶ選手も出始めていることから、欧州リーグのサッカー中継を見て育った若い世代の一層の躍進が期待されている。

ナショナルユースデイ

欧州ナンバーワンのクラブを決める試合を首相や大臣と普通の若者たちがともに観戦する。この私たち日本人には思いつかないであろう催しは、マレーシアの"National Youth Day"のイベントの一つとして行われた。マレーシアは、国の人口の約四〇%を占める「青年」と呼ばれる世代を中心に国の開発を推進してきた。先進国では、"Youth"すなわち青年が社会の中心を担うという感覚は薄いが、「開発途上国にとって、若い人材は国の財産」(Natin 2011) であり、マレーシアは歴史的にこの考え方を重視している。マレーシア政府は、一九六八年から毎年五月に"National Youth Day"を設定し、最終週の週末に官公庁の集まる街プトラジャヤで、大小合わせて一〇〇を超すイベントを行っている。コンサート、フォーラム、展示会などあらゆる形態のイベントが同時に行われ、国内各地から数一〇〇万人の青年たちがこぞって参加する。スポーツ関係でも、さまざまな種類の大会やスポーツ教室が開かれる他、日本からも某テレビ局の番組である“SASUKE”のマレーシア予選が開催されたり、二〇一二年には「三〇人三一脚」も大々的に行われた。

この期間中、首相と青年・スポーツ大臣は、専用のバスで会場内を移動し、行く先々で大歓声に迎えられ、時にはイベントに参加することもあった。バスは数えきれないほど何度も止まり、各所で激励や喜びのスピーチが行われた。政治家と市民の距離がとても近く、スピーチを聞き、首相や大臣と会話を交わした若者たちが、直接的に鼓舞されている様子が何度も見られた。筆者は「このようなイベントが日本で行われたら」と置き換えて考えてしまう。官庁がある霞が関に数百万の人が集まり、複数のイベントが同時に行われる。首相や大臣が視察に周り、行く先々で若者が取り囲むようにどっと集まり、首相や大臣が、若者たちの肩をたたきながら笑顔で会話を交わす。中々想像しづらい光景であり、何よりセキュリティの問題などでとても実現できなさそうである。

マレーシアでは、首相や大臣がイベントに参加することは日常的であり、「国家的リーダーに『会える』舞台装置としての、高度に整備された繁華街やショッピングセンターは、しばしば強力すぎる」（宇高、二〇〇九）といわれるほどである。複数政党の連立政権であり、大臣の任命

写真5－2　首相と大臣による激励の様子
（出典：Mingguan Malaysia, Muka22）

の際にも党の力より個人の力が重視される中で、国民から愛されることは政治家としての生命線である。とくに人口比を考えると青年からの人気が高いことは重要であるが、単に「顔を売る」というのみでなく、若者たちの生の声を聴き、現状や問題点を自らの目で確認するのもマレーシアの大臣にとって重要な仕事の一つである。首相や大臣が「現場」に近いのと同様に、各省庁間で差があるものの、官僚が現場で働く機会が多いことも特徴的である。"National Youth Day" の前の青年・スポーツ省は、「オフィスには職員が誰もいない状態」（Mod 2011）になっており、官僚自らがイベントや大会の準備に奔走しているのである。

青年の力を開発へ

シャベリー元青年・スポーツ大臣は、「大きな人口層である『青年』は、一人一人が消費者であり、生産者であり、国の未来を担う人材です。青年の力を政策的に結集する機会が"National Youth Day"です。さまざまなイベントを行うことによって消費が促され、消費が生まれるところにはスポンサーが付きます。ここでは、青年のための政府の活動を民間が支援するモデルが構築されています」(Datuk Seri Shabery 2011) と"National Youth Day"の意義を説明している。"National Youth Day"では、青年・スポーツ省がイベントの大枠を作り、その中の個別のイベントはさまざまなグループによって運営されている。まさに青年の力が集中的に動員される年一回の機会であり、イベントに関わる人数もさることながら、規模の大きさやパワーに圧倒される。個別のイベントをサポートするスタッフも数千人規模の若者たちのボランティアであるが、ボランティア組織委員会会長は、「大会ボランティアを集めることはそれほど困難ではない」(Suhail 2011) と述べている。

このイベントを成功させる最大の理由の一つに、マレーシアの民間企業の「企業の社会的責任 (Corporate Social Responsibility: CSR)」に対する考え方がある。"National Youth Day"は、国を挙げてのイベントであるため、公務員はもちろん民間企業の社員でも業務の一環として参加することができ、また、個人として参加する場合にも有給休暇が取りやすい。日本でＣＳＲといえば、各企業が独自の社会貢献活動を「組織的に」行う傾向にあり、個人のボランティア活動には、別の「ボランティア休暇」などが設けられていることが多い。しかし、マレーシアの企業の多くは、さまざまな形態のボランティアに個人的に参加することもＣＳＲの一環としており、通常業務の一部とみなされる。

マレーシアのように国の開発政策に、国民や企業、ＮＰＯなどが自発的に参加する形態は、青年の力を開発に動員する一つの効果的な形といえるかもしれない。筆者が出会ったある若者は、“National Youth Day”に、一日目はボランティアとして参加し、二日目は有給休暇を取って参加者として、最終日は所属する会社の仕事で参加すると話していた。この話を聞いて筆者は、一人の若者が、さまざまな立場で参加できる仕組みや、盛り上がりを下支えする企業の姿勢にとても驚いた。“National Youth Day”は、単に若い活力があふれる大イベントというのみでなく、マレーシア政府が目指す「青年の力の開発への動員」を身をもって知ることができる三日間であり、その仕組みと規模を体感してみると、本当の意味での国力とは何かということを考えさせられる。皆さんも五月最終週の週末に、プトラジャヤを訪れてみてはいかがだろうか。

マレーシア国際駅伝

この"National Youth Day"の中で行われている面白い催しを一つ紹介しよう。三日間の最後を飾るメインイベントの一つとして行われている「マレーシア国際駅伝」である。前述の"SASUKE"や「三〇人三一脚」に先駆けて日本から輸入された駅伝は、"EKIDEN"として定着しつつあり、二〇一三年に第八回大会が開催された。この大会では、プトラジャヤの中心部をスタート、ゴール地点として、一区間三km前後の距離を五人で"TASUKI"をつなぐ。①ミックス（一八歳以上男女）、②男子オープン（一八歳以上）、③女子オープン（一八歳以上）、④ジュニア男子（一三歳から一七歳）、⑤ジュニア女子（一三歳から一七歳）の五つのカテゴリーが設けられており、近年では、五カテゴリーを合わせて約一、〇〇〇チーム、五、〇〇〇人が参加している。

一、〇〇〇チームが参加するというと、私たちには考えられない大規模な駅伝大会である。大会運営は、国際青年センター（International Youth Center: IYC）によってなされているが、駅伝の開催とIYCの設立には日本人が深く関与している。青年・スポーツ省が、「誰でも参加できるスポーツ＝"Sports for all"」を政策として打ち出した際に、在福岡マレーシア名誉総領事が"EKIDEN"を提案し、「京都国際女子駅伝」の視察などを経て、一九九四年に第一回大会

図５－５　マレーシア国際駅伝2013
（提供：マレーシア国際青年センター）

が開催された。当時の青年・スポーツ省には、駅伝開催のための予算は準備されていなかったため、総領事館が日本企業からの寄付や日本陸連の協力を要請し、一四〇チームが参加して第一回大会が行われた。これでも十分に大きな規模であるが、その後も参加希望チームは増え続け、現在では運営上の理由から、一、〇〇〇チームで受付を打ち切っている。なぜ、日本発祥の“EKIDEN”がマレーシアでこれほどの人気を博しているのだろうか。

現在は、在福岡マレーシア名誉総領事館、ＩＹＣ、東方留学生同窓会の三者が主催する「国際駅伝」であるが、雰囲気は市民駅伝といえるものであり、参加料は一チームあたり、一般一五〇RM（約四、五〇〇円）、ジュニア五〇RM（約一、五〇〇円）と五人で割ればそれほど高い金額ではない。若者たちは、学校単位、企業単位、友達同士といったさまざまなグループで参加し、マレーシアに支社や工場を持つ日本企業や各国の大使館、インターナショナルスクールのチームなどの参加もみられる。主催する青年・スポーツ省からも、大臣や副大臣、行政官などが「青年・スポーツ省チーム」として出場し、若者に混ざって奮闘している。

日本の駅伝が定着してきた理由の一つとして、「真のチームワークを体験することができるという駅伝の特徴は、現代のマレーシア社会に必要なもの」（Takahashi 2011）と説明される。経済発展を目指すマレーシアには、二〇一一年時点で製造業七三〇社、非製造業六七九社（JETRO 2011）の日系企業が進出している。一九八一年から実施された通称「ルック・イースト」政策では、日本や韓国の経済発展の成功の秘訣は「国民の労働倫理、勤労意欲、経営能力、国民性としての道徳、教育、学習意欲にある」（JETRO 2011）と分析され、一般的な欧米諸国に追従する開発、いわゆる「ルック・ウエスト」ではなく、アジア的な発展をモデルとする「ルック・イースト」が表明された。

マレーシアでは、日本企業の特徴とされる「チームワーク」の重要性は認識されていてもさまざまな理由から実現が容易ではない。第一の理由として、マレー系、華人系、インド系などがともに暮らす多民族国家であり、「マレーシアの民族関係は、おだやかで、際立った民族間の紛争や抗争などない」（宇高、二〇〇九）といわれているが、社会生活を送る中では民族や宗教の違いに起因する困難が全く無い訳ではない。第二に、国がマレー半島とボルネオ島に分かれており、複数の王族によって統治されてきた歴史から、国家としての独立、統合、融和の過程で蓄積された社会における齟齬の影響がみられる。さらに経済発展に伴って国内のみでなくASEAN諸国の協働もリードしていかなければならず、この中で、日本的なチームワークを学ぶ場としての「駅伝」に期待がかけられたのが大会開催の経緯である。

余談であるが、近年では、残念なことに「ルック・イースト」を提唱したマハティール元首相が「もはや日本に学ぶべきことはない」と公言してはばからない。二〇〇〇年に『アジアから日本への伝言』、二〇〇三年に『立ち上がれ日本人』、二〇〇四年に『日本人よ。成功の原点に戻れ』などの書籍を相次いで発表し、近年の日本にアジアの友人として苦言を呈してきた。直近では、二〇一二年五月の訪日の際に、日本の外交や経済、安全保障の広範囲にわたって私たち日本人には耳の痛い数々の忠告を残しており、中でも日本人の仕事に対する価値観の変化に対する発言は辛辣であった。マレーシアで拡大している"EKIDEN"の精神が、発祥の地である日本においてより、マレーシアでより受け継がれているとしたら、嬉しくもあるが皮肉なことでもある。

3．スポーツで若者の力を活かす

国の未来をつくる青少年

青年が健全に育成され、国の開発を担う人材となるか否かが、国の行方を左右することは言うまでもない。国連が定める“Youth”の定義は、「一五歳から二四歳の人々」であるが、ユニセフが発効した「子どもの権利条約」で「子どもは一八歳まで」とされていることから、一五歳から一八歳までは、青年であると同時に子どもでもある。一九八五年の「国際青少年の年（International Year for Youth）」以降、国連関連機関を中心に、日本語では「青少年」と訳されることが多い“Youth”という括りが広く使用されており、現在では、途上国開発や国際協力の一分野とされることもある。ある年代層が開発の一分野とされていることに疑問を抱かれるかもしれないが、この年代が国の未来をつくる主体と捉えられていることに他ならない。

世界の青少年人口は、一九八五年に九億四、一〇〇万人と全人口の一九・四％を占めていたが、一九九五年には人口は増加するものの割合は一八・〇％と減少し、二〇二五年には全人口に占める青少年割合が一五・四％まで減少すると予測されている。この現実の中で、開発途上国、先進諸国に関わらず問題視されているのは、年齢層としての青少年と「上の世代」との格差の拡大と失業の増加である。二〇一一年の『世界子供白書』では、「二〇〇八年には、世界のワーキングプア（低収入労働者）のほぼ四分の一が若者でした。その上、これら一億五、〇〇〇万人をこえる、若く、貧しい働き手たちの大多数が農業従事者であるため、所得や将来の生産性を増大できるような、技能や教育を受ける時間のゆとりがほとんどありません」（UNICEF 2011）と問題が指摘されている。青少年人口の増大は、人が産まれてから一五歳に達するまでの期間を考えれば、もちろん予測可能なものである。国の開発計画と青少年の育成は車の両輪として検討されるべきであり、青少年政策の存在を欠いた近視眼的な開発が招く悲劇は容易に想像する

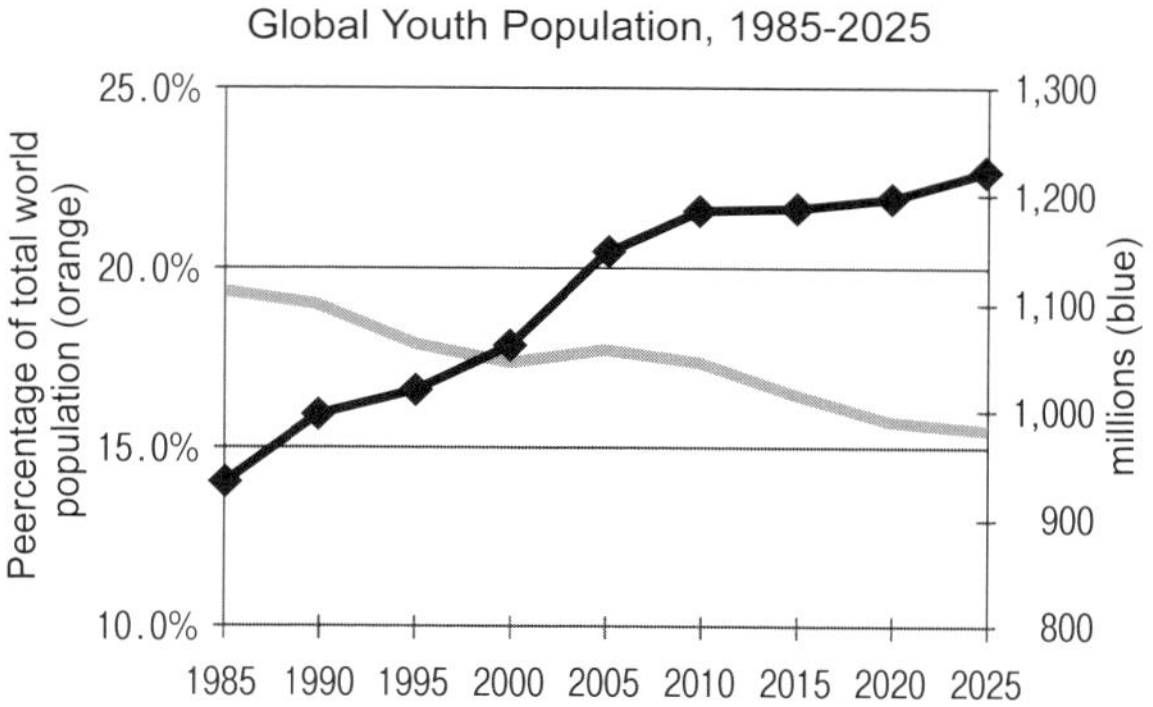

図5-6　世界の青少年人口（推定含）
（出典：国連ホームページ “Youth at the United Nations”）

ことができる。

青少年育成とスポーツ

近年では、政府援助機関、国際ＮＧＯ、競技団体などが中心となり、青少年がスポーツに参加する機会を増やし、参加を奨励することによって、副次的に貧困、教育、保健といった開発課題の解決に青少年を動員し、問題緩和のきっかけを作ることを目指したプロジェクトが多く行われている。「生産的な青少年の育成（Productive Youth Development: PYD）」という考え方が基本にあり、日本語では奇妙な感じがするが、「若者の潜在能力、個人の資質、彼／彼女が社会に積極的に貢献する能力を最大限に発揮できるようにし、そのために彼／彼女の知性、社会性、感情、身体能力を含む子どもの『全て』に焦点を当てる」（Lullies 2009）と説明される。ＰＹＤの実現のためにスポーツを用いることによって、「ＰＹＤに必要な技能や知識を身に付ける」（Lullies 2009）こ

表５－４　スポーツによるPYDへの貢献の可能性

（スポーツは） 身体面、社会心理的健康と以下の面での発達に貢献する； －アイデンティティの形成、自己認知、自己肯定感、自信の確立 －集中力、問題解決力、判断力、決断力の向上 －前向きな価値観（生涯学習習慣、個人の責任能力、積極的な市民としての態度などに関わる）の獲得と周辺に置かれた若者に対する再チャレンジの機会の提供

（出典：Lullis, C.（2004）“Defining Sport for Productive Youth Development” を筆者訳）

とが期待されており、具体的なスポーツによる貢献の可能性が表5－4のように示されている。

このようなミクロな視点でのスポーツの貢献は、これまでにもさまざまな研究やスポーツ活動の実践において明らかにされてきた。しかし、社会の発展段階において「スポーツ活動が青少年育成に有効である」ということ自体が、現場での活動から得られた経験則によるものであり、スポーツ関係者の中だけで「分かる人にだけ分かればいい」とされる傾向が強く見られた。その現状を打破するために二〇〇九年にケニアのナイロビでジャコブ財団と国連スポーツと開発事務局（UNOSDP）は、「アフリカにおけるスポーツを通じたPYDフォーラム」を共催した。

このフォーラムでは、現場で行われた活動が「青少年育成のどの部分にどの程度貢献したのか」ということを具体的に評価するための手法や、よいプログラムの条件といった、より現場の活動に近い細部を検討する試みがなされた。「青少年」も「スポーツ」も広い範囲をカバーする単語であり、言ってみれば「なんでもあり」になりがちである。なぜ青少年なのか、なぜスポーツなのかを明らかにするためには、現場で行われている活動の一つ一つの成果を丁寧に検証し積み上げていくことが不可欠である。本フォーラムでは、単に活動事例の紹介がなされるのみでなく、PYDへのスポーツの貢献をどのように証明するかという一歩踏み込んだ議論がなされた。

青少年育成とサッカー

青少年育成とサッカーを語る際に世界中の多くの関係者が即座に思い浮かべる活動がある。一九八七年からケニア最大のスラムであるマサレ地区において行われている"Mathare Youth Sports Association: MYSA"の活動である。ＭＹＳＡには、二〇一二年時点で男女合わせて二万五、〇〇〇人以上が参加しており、一、八〇〇をこえるチームによって年間約一万四、〇〇〇試合が行われている（MYSAホームページ 2012）。

ＭＹＳＡに所属するサッカーチームは、リーグでの試合で勝ち点を得ると同時に、地域の清掃活動を行うことでポイントを得ることができる。このユニークな仕組みが若者たちに受け入れられ、チーム数が爆発的に増加していった。ＭＹＳＡでは、清掃活動の他にもＨＩＶ／エイズ啓発、障がい者支援、児童労働の被害者支援、リーダーシップトレーニング、など青少年の育成のための活動が行われており、世界各国のサッカーを通じたＰＹＤ活動の先駆者であり、偉大なお手本である。

図５－７　MYSAのロゴ
（出典：MYSAホームページ）

ＭＹＳＡの活動は各国で報道され、さまざまな形で活動の評価もなされている。一〇数件の国際的な賞にノミネートされ、二〇〇三年、二〇〇四年にはノーベル平和賞の候補にも名を連ねた。二〇一〇年にケニアは、FIFAワールドカップ南アフリカ大会のアフリカ最終予選に残ったが、この時の代表チームのメンバーのうち五人がMYSAの出身者であった。一九九四年からはケニアのプロリーグに"Mathare United"というチームも有しており、複数のプロ選手が輩出された他、リーダーシッププログラムの受講者の中から政治家も生まれている。まさに世界最大の規模と内容を誇るPYD活動であるといえ、今後の関連した活動の発展に世界中からの注目が集まっている。

マレーシアの青年政策

ここでマレーシアに話を戻してみたいと思う。マレーシアでは、一五歳から四〇歳までを「青年」と定義しており、この年齢層が青年・スポーツ省が行う施策の対象となるが、実はマレーシアは、「青年」という特定の世代に焦点を当てた政策を実行した世界でも稀な国の一つである。ビジョン二〇二〇の実現を目指して、マハティール首相が在任中の一九九四年から"Rakan Muda"日本語に訳すと「ヤング・フレンズ」と呼ばれる施策が採られ、現在でも続いている。このプログラムでは、①家族の絆を強め、コミュニティ意識を高め、さらに、年配の世代に対し、子どもや孫の世代に、誠実・意思・友情というこれまでの価値観を学び、育てることを約束する、②マレーシアの将来を担う青年が成長・安定を維持し、現在、繁栄している国家を存続できる道筋ができたことを国民に示す、③マレーシアの青年が前向きな志向を持ち、広い視野で目標達成のための知識と技術を得ることを助けることで、若い頃の夢を実現するチャンスを与える、④青年に、国家建設における役割と倫理上の責任を自覚させる（シン、一九九六）ことが目標とされている。

“Rakan Muda”では、下記の一〇のライフスタイル・プログラムの中から、青年が自ら選択したものに参加することが強く奨励された。このプログラムの中には、スポーツに関わるものが非常に多いが、中でも“RAKAN REKREASI”（レクリエーション）と“RAKAN WAJADIRI”（武道）の人気が高かったという。

マレーシアの“Rakan Muda”は、国がどのような具体

表５－５　“Rakan Muda”の10のプログラム

RAKAN SUKAN（スポーツ）
RAKAN CINTA ALAM（環境）
RAKAN SENI BUDAYA（芸術・文化）
RAKAN REKA CIPTA（革新）
RAKAN WIRAUSAHA & WIRAMAHIR（企業家精神）
RAKAN KECERGASAN（フィットネス）
RAKAN MASYARAKAT（コミュニティ・サービス）
RAKAN REKREASI（レクリエーション）
RAKAN WAJADIRI（武道）
BRIGED RAKAN MUDA（制服隊）

（出典：サージェット・シン著、山口泰雄訳（1996）
「マレーシアスポーツ政策と青少年に対する考え方」）

写真５－３　国内に浸透する“Rakan Muda”

的施策を持って、青年の育成に当たることができるかを示す好例である。前述のナショナルユースデイのイベントにおいて、多くの若者たちが自ら企画したさまざまな催しを行っていたが、これらが実行される背景には、長年にわたって政府が提唱し続けた“Rakan Muda”の精神が活きている。その中で、スポーツに関係する活動が多く見られることからも、青年育成とスポーツのつながりの良さを実感することができる。もちろん、マレーシアには、青年・スポーツ省という「青年」、「スポーツ」に特化した省が存在することもこのような政策が実現される大きな理由であろう。次節では、マレーシアの青年・スポーツ省や大臣の働きから、マレーシアが理想とする「青年を中心に据えた国の形」に迫ってみよう。

4．国の未来をつくる

青年・スポーツ大臣の来日

二〇一一年九月二一日、佐賀県の鳥栖スタジアムにシャベリー青年・スポーツ大臣の姿があった。この日は、サッカーのロンドンオリンピックアジア最終予選マレーシア対日本の試合が行われていた。結果は、二対〇で日本の勝利。マレーシアは敗れたが、シャベリー青年・スポーツ大臣は、この日のU－22マレーシア代表の健闘を称え、若い選手の今後の成長に更なる期待を抱いていた。しかし、この日のユース代表のプレイに目を奪われたのは大臣のみではなかった。沖縄から来たFC琉球の関係者がこの試合を会場で見ており、冒頭のワンザック選手、ナイム選手の獲得へとつながったのである。

シャベリー青年・スポーツ大臣は、最終予選グループCの初戦であったこの試合に合わせて来日し、佐賀県の鳥栖スタジアムに応援に駆け付けた。当初は、警備の問題などから日本国内の移動は飛行機で行われる予定であったが、シャベリー大臣は、鳥栖に向かう前に東日本大震災の被災地に入ることを強く希望していた。在福岡マレーシア総領事館が、外務省との間に入って調整をした結果、シャベリー大臣は宮城県に入り、被災地を訪問することとなった。そして、マレーシアから東北に留学中の大学生を集めて、彼ら彼女らから大震災の様子と、その後の生活の状況を聞きながら、新幹線を乗り継いで約八時間、学生たちと一緒に佐賀の鳥栖のスタジアムを目指した。試合前に今度は、マレーシアから九州に留学中の大学生を集めて、東北から来たマレーシア人留学生との交流の機会を設けた。さらに、マレーシア代表と日本の試合をともに観戦し、敗れはしたものの、東北、九州のマレーシア人留学生たちにかけがえのない時間を提供した。

シャベリー大臣の訪日からさまざまなことが見えてくる。この訪日は、大臣自らがオリンピックアジア最終予選の初戦を会場で応援し、選手たちを鼓舞すること、さらに大震災から半年を経た被災地の状況を自身の目で確認し、マレーシア政府に伝えることが大きな目的であった。加えて、被災したマレーシア人留学生の様子を把握し、直接、声をかけて励ますこと、被災地からは離れているが、同じ日本に留学している九州の留学生との間をつなぐことも目的とされていた。そのために、最初に東北に入り、新幹線で長い時間をかけて留学生とともに南下し、さらにその地の留学生も集めた上で、皆で一緒に同世代の代表チームを応援したのである。

このような活動こそが、まさに青年・スポーツ大臣としての仕事といえるのではないだろうか。一国の大臣が日本を縦断するためには、目に見えないさまざまな調整が必要となる。間に

写真５－４　シャベリー大臣の訪日時の留学生との交流の様子
大臣は奥右から２人目、右は大塚総領事
（提供：在福岡マレーシア名誉総領事館 高橋知子氏）

入った在福岡マレーシア総領事館は、二節で詳述した「マレーシア国際駅伝」を主催しており、さらに昔には、クアラルンプールにＩＹＣを設立するなど、青年・スポーツ省との協働が三〇余年に及ぶ。今回の訪日では、総領事館が大臣の意向を汲んで水面下での調整を続けた結果、このような複数の目的を持ったものが実現した。シャベリー大臣が訪問したことで、被災地への留学生、九州への留学生、Ｕ－22マレーシア代表の選手たちの誰にとっても、国の期待を感じ、マレーシア人としての誇りを再確認する機会となったのではないだろうか。

スポーツ・サッカーで描く未来像

シャベリー元青年・スポーツ大臣は、「青年とスポーツを一つの省で管轄しているのは、イギリス植民地時代のモデルを継承した古い形であり、ベストであるとはいえない」（Datuk Seri Shabery 2010）としながらも、青年の力をスポーツによって引き出すさまざまな試みを行っている。大臣の描く未来像の中では、経済開発、青年、スポーツが三角形の角を成しており、その三角形はＡＳＥＡＮの発展モデルになる可能性も秘めている。

二〇一二年にＡＳＥＡＮ加盟国の体育・スポーツ担当大臣が集まる国際会議が初めて行われた。ちなみに、インドネシア、ブルネイは、マレーシアと同様に青年・スポーツ省が、ベトナム、タイは観光・スポーツ省が、カンボジアは教育・青少年・スポーツ省が、ラオスは教育省が、シンガポールは地方自治開発省が、ミャンマーはスポーツ省が、フィリピンは国家スポーツ委員会がスポーツを管轄している。同様の会議は、過去四回にわたってユネスコが「体育・スポーツ担当大臣国際会議」という世界規模のものを開催してきたが、初期の会議では欧米に軸足を置いた議論に終始し、第三回、第四回目の会議では、開発途上国における体育・スポーツをどのように「支援」するかが議題になっており、支援という文脈ではアフリカを優先する論調が強かった。そのため、ＡＳＥＡＮ加盟国の体育・スポーツ担当大臣が集まった初の会議は、実効性を持つという意味で初にして重要な起点となるものであった。実際に、二〇一三年初頭には、二〇二六年、二〇三〇年のＦＩＦＡワールドカップ開催地へのＡＳＥＡＮとしての立候補が加盟国間で協議され、候補地指名の獲得に向けてマレーシアが先頭を切って活動を進めることが表明された。世界で最も広い地域を管轄するＡＦＣの総本山であるマレーシアの力の見せどころである。

これらの動きをけん引してきたシャベリー大臣は、二〇一三年に青年・スポーツ相を退任、総選挙の後に省庁再編によって新設された「通信・マルチメディア大臣」に就任した。青年・スポーツ相時代に「スポーツがスポンサーを獲得することによって自立する」（Datuk Seri Shabery 2010）ことを目標に"ASTORO"というスポーツ専門チャンネルを作った実績があり、通信、マルチメディアという分野も「青年」に深く関係することから就任が要請されたと推測される。通信、マルチメディア、スポーツ、サッカー、青年、ＡＳＥＡＮ。シャベリー大臣が描くマレーシアの未来はどのような形をしているのであろう。

翻って日本の未来も想像してみよう。二〇一三年に二〇二〇年の東京オリンピック開催を決めた日本では、スポーツ庁の新設に向けた動きや国立競技場の改修などスポーツ関係の新しい話題に事欠かない。一方で、学校部活動での体罰、複数のナショナルチームにおける暴力・セクハラ、競技連盟内の汚職やいさかいなどの問題が明るみに出ており、古くから続く日本のスポーツの伝統に触れる部分までも見直しが迫られている。二〇二〇年に向けたスポーツ界の変革の波は、日本社会の変革ともリンクし、良くも悪くも新たな時代への突入を予感させる。しかし、国家を主体にスポーツを推進する際には、スポーツの持つ経済波及力や勢いのあるイメージに左右されることなく、さまざまな負の影響も斟酌しなければならない。国の発展とそれに伴って変化するスポーツの形、あるいはスポーツを推進することによって実現し得る国の発展の形をいくつかの事例から見てみたい。

国の発展とスポーツの形

スポーツ、サッカーが国づくりや政治に利用され、また、逆に国家間の争いがスポーツの場に持ち込まれた例は世界各国で枚挙にいとまがない。古くは、ナチスドイツがベルリンオリンピックを政治的に利用した例や、旧ユーゴスラビアや南アフリカが、国連決議によって国際試合への出場を制限され、直接的ではないものの国の体制変化への影響を及ぼした例などが挙げられる。最近では、東京五輪の開催種目の決定に際して、落選の危機に瀕した国際レスリング連盟が、イランの代表選手をニューヨーク中央駅に招き、ロシアを加えた三か国での親善試合を行った。アメリカとイランは、政治的には対立を深めており、さらにロシアも加わっていたことから、この三か国が友好親善を行う場を、政治的な場面では作ることはできないといわれた。この派手なパフォーマンスの影響を計ることはできないが、結果としてレスリングは五輪種目として存続することとなった。

サッカーが国をつくる前段階で政治的な活動に活用された例も少なくない。南アフリカでは、ネルソン・マンデラ氏をはじめ、政治犯が多く収容されていた刑務所として知られるロベン島で「マカナサッカー協会」が設立され、一九六六年から一九七三年に定期リーグが開催されていた。ＦＩＦＡに準拠したルールで組織的に活動していた協会は、二〇〇七年にＦＩＦＡより名誉会員の称号を与えられている。この事例は、二〇〇七年にJunaid Ahmed監督により、"More than Just a Game"という映画で、チャック・コール、マービン・クローズ著、実川元子氏訳により『サッカーが勝ち取った自由』（白水社、二〇一〇）という書籍で詳しく紹介されている。

ここまで知られた活動ではないが、東ティモールでもインドネシアからの独立闘争のさなかに、サッカーリーグの試合が活発に行われていた。ポルトガルの植民地であった東ティモールにはクラブチーム文化が根付いており、カイ・ナナ・シャナナ・グスマン現首相をはじめ、独立の中心人物たちはサッカークラブの活動中に情報を交換し、思想を共有していったといわれている。見方を変えればサッカーを隠れ蓑に地下活動をしていたともいえ、サッカーと政治の強いつながりを感じずにはいられない。

これらの事例は、国も時代も政治背景もバラバラだが、さまざまな「スポーツと国家」、「サッカーと国家」の形である。その良い点、悪い点に関する評価は、歴史の中での結果論としてしか分からず、また、サッカーと政治は切り離して考えるべきとの意見もあるが、それでもサッカーが与える影響力の大きさを無視することはできない。「スポーツの政治利用」といわれることもあり、その場合は負の印象を与えるが、同じ事象でも、国や地域、時代、時の政治体制、考察する人の立場などによって、サッカーが国家間の潤滑油として活用されたという評価から、政治的に悪用されたという評価まで、当然ながら大きく異なっている。いずれにしてもサッカーに関わるできるだけ多くの人々が、国づくりや政治へのサッカーの持つ、時には他の分野とは異なる強い影響力と危険性を認知しておくことは非常に重要である。

サッカーでできる国づくり

国づくりや政治に影響したと思われるサッカーの事例を見てきたが、これらの国々以外にも歴史を振り返ったり、長期的な国の将来を考えたりする時に「サッカー」の存在を無視できない国々はたくさんあるだろう。国を挙げてという意味では、「ブラジルはサッカーの本場である」とほぼ全てのブラジル人は考えるであろうし、サッカー発祥の地であるイングランドには、「イングランド」という国名が頭につかない「サッカー協会（The Football Association: FA）」がある。元祖であるため、わざわざ国名を付ける必要がないということで現在も変更されていない。

ブラジル、イングランド、ドイツ、スペイン、アルゼンチンのように、世界の数か国におけるサッカーは、スポーツの一つというよりは、文化であり、国そのものであり、人や国家の威信をかけた何より大切なものである。もちろん、全ての国民が同様に考えている訳ではないと思うが、世界にはサッカーによって国がまとまり、国民がナショナリズムを確認する機会が多い国々があることは事実である。安倍首相は著書『美しい国へ』（文藝春秋、二〇〇六）の中で「スポーツに託して、自らが帰属する国家やアイデンティティを確認する――ナショナリズムがストレートにあらわれる典型がサッカーのW杯だ」と述べている。スポーツ、とくにオリンピックやワールドカップにおいてナショナリズムが表出する例については、国内外の社会学、政治学、国際関係といった複数の分野で研究が行われており、その形態は変化しているものの古くから世界中で検証が重ねられている事象である。

本書の中でこれらの研究の成果を示すことは難しいが、サッカーで国づくりができるか否かと考えた時に、おそらくサッカーが国をつくり得る力を持つことを認識した上で、力を正しい方向に導く、あるいは力を抑制し、過度に利用されることを避ける努力が必要であろう。本章では、日本、マレーシアが描く国の未来を中心に取り上げたが、この二か国では、現時点では欧州、中南米の国々と比較してサッカーが国家形成に与える影響力はそれほど大きいわけではなく、今後、どこまで拡大していくかは誰にも分からない。しかし、各国の歴史の検証によってナショナリズムとのよりよい関係を模索しながら、サッカーが社会統合やナショナリズムの形成にもたらす正の影響をのみを活用していく工夫が必要であろう。

二〇一三年に発行された雑誌『経済界』の特集で、日本のスポーツは「すがることで生きてきた」と表現されていた。そう遠くない昔の日本のスポーツ界では、プロ野球と大相撲以外のスポーツは、「企業」と「学校」が担っており、Jリーグの誕生によって、その一部を「地域」が担うという新しい形が生まれた。しかし、地域が担う新しいモデルは、企業スポーツが衰退の一途を辿っていること、学校スポーツにおける地域間、学校間の格差が拡大していることなどを理由に、いわば「こちらが駄目ならこちらで」といういささか消極的な理由で発展してきたものであり、その意味でいうと日本のスポーツは、未だ自立に向けた道を模索する中にいる。

「地域」は、日本においても諸外国においても二一世紀の発展に向けたキーワードである。日本のスポーツ界、サッカー界においても同様であり、スポーツが「すがる」ことから脱却するのみでなく、地域から発信されたスポーツやサッカーが、むしろ国の発展を引っ張るエンジンとなることが期待されている。東京オリンピックの開催を控えた日本では、まずはJリーグが古い友人であるASEANとの連携を開始した。日本国内の「地域」に軸足を置いてきたJリーグが「海外」に進出しているのは、内と外という正反対の動きではなく、「サッカーの自立」や「サッカーによる地域づくり」に向けた地続きの活動である。近年、ASEANのとくに若い世代を主体として、地域全体がサッカーによって、経済によって、交流によって発展しようとする力強いうねりが見られる。Jリーグの「アジア戦略」は、このうねりの後押しをして欲しいという現地のニーズに引き寄せられる形で急速に規模を拡大しており、そのスピードは、政治や経済の比ではない。Jリーグの積極的な動きは、いつの日かマレーシアのマハティール元首相に、再度、日本の価値を認めてもらうことにつながるであろうか。

サッカーが国づくりに与える影響力の強さと若者たちの熱狂、加えて「サッカーマネー」が大量に動き出すと、国が間違った方向に流される危険も多分にある。しかし、危険性に注意を払いながら、サッカーの力を用いて「地域」や「国」をつくるという壮大な実験をしてみて欲しい。欧州や中南米とは異なるASEAN独自のサッカーコミュニティの形成は、アジアの特有の価値を世界に示すことにもつながるのではないだろうか。

第 6 章
スポーツを通じた開発の時代へ

1．日本ができる貢献

日本が行ってきたスポーツを通じた開発

わが国では、スポーツを通じた「国際交流」はあっても「国際協力」や「開発」については、その存在が一般的に認知されてこなかった。しかし、安倍首相のオリンピック招致の際のスピーチの中でも触れられていたように、日本政府は「青年海外協力隊事業」をはじめ、ソフト、ハードの両面でのスポーツ関係の国際協力を長年にわたって行っている。わが国の政府開発援助（Official Development Assistance: ODA）の中でスポーツに関連するものといえば、無償資金協力の中の一般文化無償資金協力と草の根文化無償資金協力、技術協力の中の青年海外協力隊事業が中心である。無償資金協力によるスポーツ関係の援助とは、主に相手国の政府機関を受入れ先として、スポーツに関わる施設や機材といったインフラを無償で提供するものであり、青年海外協力隊事業では、一九六五年の発足当初からスポーツ関係の隊員派遣が行われている。青年海外協力隊は、二〇歳から四〇歳の日本国籍を持つ者が開発途上国において二年間の協力活動を行うもので、二〇一三年九月現在、七一か国に一、六〇〇名をこえるスポーツ関係の隊員が派遣されている。これまでの累計隊員数は三万八、〇〇〇名をこえているが、この中でスポーツ関係の隊員は約一割を占めている。また、四〇歳から六九歳までの日本人が行うシニア海外ボランティア事業でも、これまでに一八三名、日系社会ボランティアでも、青年、シニアを合わせて三四名のスポーツ関係の隊員が派遣されている。

その他、国際交流基金によるスポーツ指導者育成事業、日本体育協会によるアジア近隣諸国のスポーツ指導者育成研修など複数のスポーツに関わる国際協力が行われている。スポーツに関わる協力は、日本国内では話題に上ることが少ないが、国際社会ではこれまでの実績が評価されており、ＳＦＴの実施が経験に基づく「確かな約束」として理解されたことも招致の成功要因の一つであったと考えられる。しかし、経験を有するといっても、他分野と比較した援助の総額は極めて少なく、専門家の派遣や研修員の受入れ、機材の供与などの複数の協力形態を組み合わせたプロジェクトとしての高度な協力も行われていない。また、活動形態もインフラ整備、ボランティア、短期間の研修員の受入れという単発的な形であったため、事業の歴史は長いが、他の諸先進国が戦略的に行っている「スポーツを通じた開発」と比較すると未だ発展の余地を残していると言わざるを得ない。

わが国の事業の一例

わが国のスポーツに関わる国際協力の一例を挙げてみよう。現在は、募集対象をアジア全域に広げた研修生の受け入れ事業は、かつては東南アジアの数か国から主にスポーツ関係の行政官を招聘していた。筆者は、複数国のプログラム受講者と話をした際に「とてもいい研修だった」、「取り入れたいことが多かった」、「お金をかけなくても工夫することを学んだ」などといった好意的な意見を多数聞いた。しかし、研修生がスポーツ行政に関わる知識や技術を学んで意気込んで帰っても、自国では仕事そのものがなかったり、資金がなかったり、理解者がいなかったりといった理由で、学んだことを活用できないのが現状であった。元研修生の話から、スポーツについても他の分野と同様に、人材育成、インフラ整備、運営に関わるノウハウの移転など、プログラム全体を支援する、例えばJリーグが進めているような包括的な援助を行う必要性を強く感じた。インフラ整備などのハード面と人材育成などのソフト面を分けた上で、どちらが有効かという二者択一ではなく、両者のバランスに配慮しながら進める丁寧な援助、さらにいえば、各国・地域、競技レベル、目指す方向性などに柔軟に対応するオーダーメイドのきめ細やかな援助は、日本だからこそ、スポーツ分野だからこそできる援助の形態ではないだろうか。ここで、諸外国によって行われているスポーツを通じた開発をいくつか見てみよう。

諸外国によるスポーツを通じた開発

欧米諸国を中心としたスポーツを通じた開発の推進国は、さまざまな目的や理念を持って活動を進めてきた。英国は、旧植民地諸国を中心としたコモンウエルスを重視してきたが、ロンドンオリンピックの開催に伴い、"International Inspiration Program"を実施し、軸足をよりアフリカ諸国へと寄せた。フランスは、歴史的にスタジアムの建設などの大規模なインフラ整備を行ったり、競技者のトレーニング環境を整備したりと、豊富な資金面の裏付けを基盤にトップアスリートの育成を視野に入れた高度な援助を行っている。カナダ、オーストラリアは、日本のSFT構想のような「スポーツ」に特化した人材の派遣を行っており、若者による草の根での活動という意味で日本の青年海外協力隊と共通点を持つ。

とくに「サッカーを通じた開発」に力を入れているのがノルウェーである。ノルウェー政府は、一九七二年から「ノルウェーカップ」を開催しており、二〇一二年大会までに、のべ四万六、〇〇〇チーム、八三万人以上の一〇代の若者たちが世界各国から参加した。二〇一二年大会には、約一、六〇〇チームが参加したが、そのうち開発途上国からの三〇をこえるチームは、ノルウェー政府によって招待された。本大会は、広く青少年を対象とした世界で唯一のサッカートーナメントであり、「民族間の融和（Colorful Unity）」を目的に毎年開催されている。また、四章で紹介した“Kicking AIDS Out!”も、ノルウェーの政府系開発機関にオリンピック委員会、サッカー連盟、外務省などが協力して行われている「サッカーを通じたＨＩＶ／エイズ啓発活動」のためのコンソーシアムである。

スポーツプラスとプラススポーツ

その他にも、オランダ、スウェーデン、デンマーク、スペイン、フィンランド、イタリア、スイス、中国、韓国などの国々によって、「スポーツを通じた開発」の実績が認められる。各国のスポーツ、サッカーを通じた開発協力を概観してみると、これらがスポーツに対する援助なのか、スポーツを通じて「何らかの開発課題」にアプローチするための援助なのかという点が異なっていることに気付く。図６－１は、二〇〇五年に“Swiss Academy for Development: SAD”が発表したものである。「スポーツを通じた開発」の形態を「スポーツプラス（Sport Plus）」と「プラススポーツ（Plus Sport）」に分類しており、スポーツの普及や強化を目的とする中で、開発課題への貢献も視野に入れる活動を「スポーツプラス」、開発課題の解決を目指すためにスポーツの要素を取り入れる活動を「プラススポーツ」と区別している。各国の活動形態を当てはめてみると、英国、フランス、オーストラリアはスポーツプラスを中心に、ドイツ、カナダ、ノルウェーはプラススポーツを中心にした活動が多いようである。どちらも「スポーツを通じた開発」であるが、スポーツプラスはスポーツ関係機関、プラススポーツは開発関係機関やスポーツ関係、開発関係の連携によって実施される傾向が見られる。日本では、主に青年海外協力隊のスポーツ部門でスポーツプラスが行われ、青少年活動や村落開発といった職種でプラススポーツも少数ではあるが行われた実績がある。オリンピックに向けたＳＦＴでは、スポーツ庁構想も進んでいることから、スポーツプラス、プラススポーツの差異と長所・短所を明確に認識した上で、現場のニーズに沿

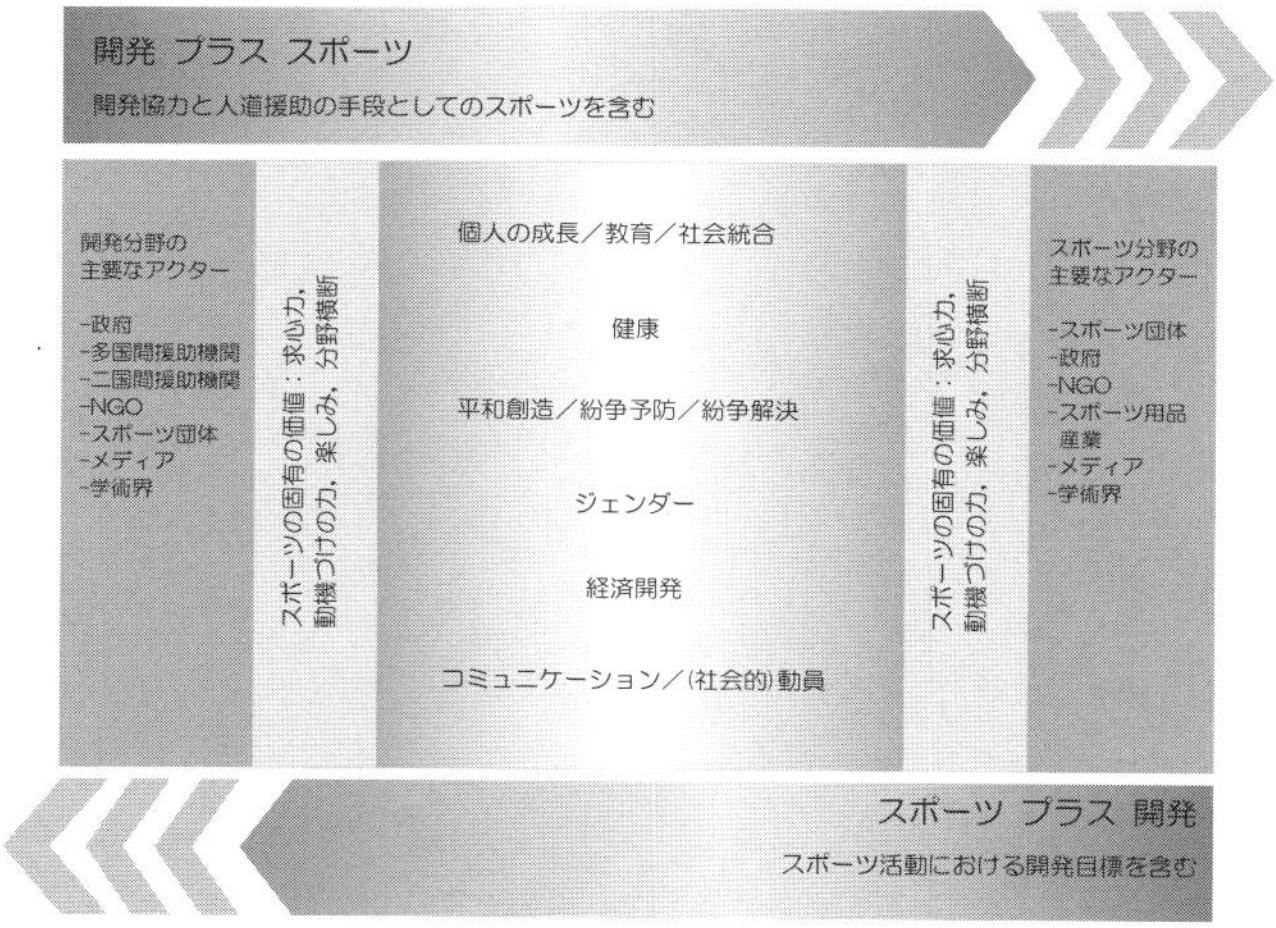

図６-１　プラススポーツとスポーツプラス
（出典：岡田千あき（2010）「国際協力の新しい分野」）

った形で選択、あるいは両者の概念を統合した形での活動を行うことが望まれる。

2．インフラ整備のジレンマ

インフラ整備は無駄遣いか

ＯＤＡによる大規模インフラの整備が「無駄遣い」として日本国内で批判を受け始めてから久しい。とくにインドネシアで、日本のＯＤＡのダム建設によって生活が立ち行かなくなった地域住民によって訴訟が起こされ、対中ＯＤＡの問題が指摘され始めた頃から、さまざまな形態のインフラ整備をひとまとめに悪いものとする論調が見られるようになった。折しも日本の経済状況の悪化から、国内の公共事業に対する風当たりも強くなっており、また、欧米諸国がすでに無償での援助へとシフトしている中で、日本のＯＤＡでは「貸し付け」である円借款の割合が高い状態が続いていた。それに伴い、日本の企業による受注の割合、いわゆる「ひも付き」も多くなるなど、別の角度から見たインフラ整備の問題点も指摘されていた。

確かに全てのＯＤＡ事業が成功を収めている訳ではなく、実際に筆者も開発途上国の現場で有効に活用されていないと思われる施設や機材を目にしたことがある。しかし、これらは援助の受入側の政治体制、政策、組織、担当者、裨益者などのさまざまな変化の影響を受けている場合も多く、全てが短絡的に「ＯＤＡの失敗」と非難できる性質のものではない。しかし一方で、人間開発や人間の安全保障といった「人」を中心に据えた開発協力が国際社会のスタンダードとなりつつあり、コストがかかる割に直接的な成果が見えづらい（経済効果を表せるという意味では最も見えやすいともいえるが）インフラ整備が、時代にそぐわない援助の形態とみなされやすくなってきたのも事実である。

しかし、インフラ整備を一括りに「悪いもの」とする意見には賛同し難い部分もある。近年、インフラ整備に関わるＯＤＡ予算が大幅に削減されたが、ここでは、インフラ整備をハード面、人材育成や技術移転に関わる協力をソフト面とし、ハードとソフトの二極が作られた上で、よりソフト面を重視するという考えが採用されていたように思う。この論を持ってすると、ＯＤＡによる道路建設やダム建設をはじめ、学校や病院といった人々の生活に比較的近い公共インフラの整備でさえも「ＮＯ」ということになる訳だが、ソフト面での協力の前提としてのハード、すなわちインフラの整備が必要な場合も見られる。そもそも開発協力の対象は、その全てがソフト面とハード面にきれいに切り分けられる性質を持ち合わせていないことも多い。

切り離せないスポーツとの関係

インフラ整備が批判を受ける中で、例えば、ODAを用いてスポーツ施設やサッカーコートを作ることが、一般的に受け入れられないこともあるだろう。では、開発途上国が道路建設や湾港の整備といった経済活動に直結するインフラ整備を外国からの援助に頼り、国内の予算でスポーツ施設を作るのはどうだろう。結局は同じことではないだろうか。スポーツを推進する際に施設を整備したり、用具・用品を揃えることの重要性は、先進国でも開発途上国でも同じである。スポーツインフラの整備が、援助の形態としてよいイメージを持たれないとしても、「スポーツ」と「インフラ」は切っても切り離せない関係にある。無ければ無いなりにといわれる場合もあるが、遊び、遊戯が近代化され「スポーツ」になる過程でルールが定められ、各チーム、選手が「同一の条件下で」技やスピード、力を競い合う場になったものであり、公式ルールに則ったスポーツは、適切なインフラを伴うことを宿命づけられている。とはいっても、全てのスポーツの場において、オリンピックのレベルの施設や用具が不可欠というわけではなく、スポーツにもよるが、先進諸国においても公式ルールに則った競技場の割合は少ない。初心者が多い場合や子どものスポーツの現場での公式サイズの競技場は、無用の長物であるばかりか練習の効果を低下させたり、時には怪我や故障の原因になるかもしれない。このことは、どのレベルまでを許容できるかという「範囲」の問題であったり、最高のパフォーマンスを生み出すための「程度」の問題であったりする。範囲や程度に関する考えが個人個人で異なることから、スポーツとインフラ整備の議論は混乱するが、「開発途上国であるからスポーツインフラの整備は必要ない」とする論がいかにナンセンスかということは分かっていただけるであろう。

なぜスポーツインフラが必要なのか

筆者は、長年にわたって一緒に仕事していているカンボジアのスポーツ行政官と、インフラ整備についての意見を交換してきた。この行政官は、ポルポト時代にはサッカー選手であることを隠して生き延び、ナショナルチームのキーパーとして、ポルポト時代の前後にわたって長い間、活躍した人物である。代表引退後は教育省地方局の行政官として、サッカーのみでなく学校や地域のスポーツ環境の整備に尽力し、カンボジアで「サッカーの先生」といえば多くの人がこの行政官のことを思い浮かべる。この行政官は、カンボジアのスポーツ振興に携わる関係者が、スポーツが発展途上にあるため、あるいは経済的に貧しいからという理由で、行われるスポーツのレベルを「この程度でいいだろう」と妥協しがちになることに警鐘を鳴らし続け

写真６－１　カンボジアで建設中の州立スタジアム

ている。例えば、子どもたちは、学校の体育の時間に運動用のシャツとズボンを着用すべきであると指導し、経済的に苦しい家庭の子どもについては、学校が貸し出しをするように通達を出した。また、近隣の小・中学校の体育教員の有志に対してサッカーの審判講習会を開き、一定のレベルに達した者には州独自の「ライセンス」を交付すると同時に、少額ではあるが謝礼を支払うこととし、副業として地域のサッカーの試合の審判をしてもらうシステムを作った。州立スタジアムを新設する際には、「ここでスポーツをしたい」と子どもたちに思わせる外観を重視し、自らがそのデザインをかってでた。

行政官は、スポーツに対する協力を行う外部者や、時には当事者までもが、スポーツの普及や強化の現場で「運動をしづらい服装でスポーツを行っても構わない」、「フィールドの状況が悪い中で試合を行っても構わない」、「ルールが難しいから全てを守らなくても構わない」と譲歩を続けることによって、地域全体、ひいては国全体のスポーツのレベルが低下することに強い危機感を抱いている。確かに費用がかかるものもあり、全ての条件を満たした理想的な環境で行われるスポーツ活動は未だ多くはないが、それでもできる限り理想に近づける努力を怠るべきではないという。行われるスポーツのレベルを落とすことは簡単だが、徐々にレベルを落としていった結果として、もはやスポーツとはいえない「遊び」が行われるようになれば、いつまでも世界に追いつくことはできない。

スポーツは、「非日常的な」空間を作り出す力を持っている。日常生活から離れ、日々の生活の中の困難を忘れて何かに没頭することの重要性を理解できる人は多いだろう。開発途上国の貧困が深刻な地域や紛争後の社会、災害の現場においても、命に関わるような最も厳しい状況は別として、何らかの気晴らしの機会は必要である。このような緊急の場ではもちろん、日常に困難を抱えている場合でも、一時とはいえスポーツに熱中し、非日常的空間に自己を埋没させることで明日への活力が生まれるという人もいる。完全なルールに則った競技場が必須であるとはいわないまでも、あるレベル、ある程度のインフラを伴った環境で、運動をしやすい服装で、ルールを順守してスポーツを行う。これらは、スポーツには必要な要素といえ、そして何よりも、スポーツを好きになったり、楽しむことに直結するであろう。多くの人にとって、そのきっかけを作るためのインフラ整備であれば、必ずしも全てのスポーツに関わるインフラ整備が「悪い」と言い切ることはできないのではないだろうか。

インフラ整備の二つの事例――ジンバブエ野球会

第四章で取り上げたジンバブエ、第五章で取り上げたマレーシアで、日本の団体が大規模なインフラ整備をした事例を紹介しよう。ジンバブエでは、「ジンバブエ Field of Dreams（FOD）委員会」が、一九九八年に首都ハラレに"Dream Park"という野球場を建設した。この球場は一九九五年に伊藤益朗氏の発案により計画され、約一、〇〇〇万円の寄付を集めて建設された。球場の完成後もジンバブエ野球連盟への活動資金の提供、用具・用品の寄付、選手の招聘、コーチの派遣などが行われ、二〇一三年現在もＦＯＤ委員会を前身とする「ジンバブエ野球会」による支援は続いている。

ジンバブエには、一九九五年から二〇〇八年に計一八名の青年海外協力隊の野球隊員が派遣され、普及活動を行っていたが、ジンバブエの国内情勢の悪化により、全ての職種の協力隊派遣が一時停止された。この間、ジンバブエ野球連盟の活動も休止した時期があったが、ジンバブエ野球会は、日本の地域リーグにジンバブエ人選手を招聘したり、他の支援方法を模索した

写真６－２　ジンバブエの“Harare Dream Park”
（提供：ジンバブエ野球会）

りしながら、ジンバブエ野球の復活を願って日本国内での活動を続けていた。二〇一一年にジンバブエ野球連盟は活動を再開し、ジンバブエ野球会やアメリカメジャーリーグなどの援助を受けながら、普及と強化の両方を国内各地で展開している。さらに国内の深刻な課題であるＨＩＶ／エイズ問題に貢献するために、野球クリニックの際に参加した青少年に対する啓発活動を並行して行っている。

マレーシア国際青年センター

マレーシアでは、在福岡マレーシア名誉総領事館の大塚基博名誉総領事と高橋知子氏によって「国際青年センター（International Youth Centre: IYC）」が建設された。一九七〇年代から続く福

写真６－３　マレーシアの“International Youth Center”

岡市とマレーシアの青年の交流事業をきっかけに、各州から首都クアラルンプールへ、また、各国からマレーシアに集う若者たちが宿泊し、さまざまな活動の拠点となるセンターが必要とされた。日本では各所に見られる宿泊機能を伴った研修施設に相当するが、開発途上国の多くの地域では、このような使途が限定されておらず、汎用性が高い施設はほとんど存在しない。クアラルンプール市内の好立地に作られたＩＹＣは、竣工した一九八〇年代後半当時で一〇億円という莫大な日本からの寄付をもとにしたものであり、研修施設の建設はマレーシア青年・スポーツ省の悲願でもあった。一九八八年にマハティール首相によって開所されたＩＹＣは、青年・スポーツ省の事務次官を理事長、大塚名誉総領事を副理事長とした「国際青年センター財団」によって運営され、使途に合わせて増築が行われている。現在は、五〇〇人を収容するメインホールをはじめとした大小六タイプの会議・研修室を有し、一人用から大部屋、長期滞在用など六つのタイプ、約二〇〇人が宿泊可能な施設を備えた総合的な研修センターとなっている。マレーシア、ＡＳＥＡＮ、アジアの青年協議会などが事務所を置き、ＡＳＥＡＮ各国の青年団体やＮＧＯなどが会議や研修を行う拠点として、なくてはならない存在となった。

日本が得意とするインフラ整備とは

ジンバブエとマレーシアの二つの事例から多くのことを学ぶことができる。ジンバブエでは、ジンバブエ野球会の球場建設とその後のさまざまな形態での支援により、青年海外協力隊員によって蒔かれた野球の種が朽ちることなく実をつけている。青年海外協力隊員による普及活動のみでは、活動終了後のジンバブエ野球の芽は断たれていた可能性があり、今日の野球を通じたＨＩＶ／エイズ啓発活動には結びついていないであろう。マレーシアでのＩＹＣの建設は、マレーシアの青年政策を強力に後押しし、その後のナショナルユースデイイベントや駅伝大会の開催につながる確固たる基盤となった。開設から二〇年以上もマレーシアの青年・スポーツ政策を支え、国の未来を担う若者を育成してきたＩＹＣは、もはや海外からの援助によって建設された施設という域をこえ、マレーシアの人材育成政策を担う一部となっている。

この二つの事例では、大規模なインフラ整備、すなわちハード面での協力と同時に、人材育成や運営支援といったソフト面での協力が長期間にわたって丁寧に行われている。ハード面が注目を集めがちだが、ソフト面でも関係者とともに活動をしてきた結果、施設運営とは異なる分野に協力の範囲が広がっている。筆者は、ジンバブエ、マレーシアの活動から、実際にインフラ整備をした団体は強いということを年々感じている。それは、おそらく現地の関係者に対して約束を守った、あるいはともに困難を乗り越えたという成果が目の前に残るからであろう。単なるインフラ整備の結果としての箱モノではなく、開発途上国の現場の課題に対する深い「共感」と長期的に根を張る「覚悟」が形として表れているからであろう。ジンバブエでは野球場、マレーシアでは研修施設が建設されたが、竣工直後から管理運営は現地の政府組織に任されており、施設の使い方に関する介入はほとんどなされなかった。一方で、他の形態での支援が続けられており、現地の努力を継続的に支える意思がはっきりと示されている。この「寄り添い続ける」形の協力は、開発途上国の関係者にとっては何より心強い支えなのではないだろうか。日本の国際協力では、「自助努力」という言葉がよく使われるが、援助する側が共感や覚悟を持った上で、長期的に協働することによって、継続的な自助努力が生まれるということが示唆されているように思う。

開発援助の難しさ

開発途上国の現場に寄り添い続けることは簡単ではない。ジンバブエやマレーシアの事例のような大規模なインフラ整備をした後には、長期間にわたって、寄付者への説明責任を果たさなければならない。寄付が適切に使われているかどうかを検証し、報告する必要があるが、開発途上国の現場では常に全てが上手く回っている訳ではない。時には、寄付者に対する責任と、現場の課題との間に板挟みになり、全てを投げ出したくなることもあるかもしれない。

インフラ整備は、開発途上国の現場で最も喜ばれる援助形態の一つだが、一方で、援助の完了後も長年にわたって活動を縛り続けるものでもある。ジンバブエ、マレーシアの事例は大規模であったが、例えば、開発途上国のある村や学校に「サッカーコートを作る」という数十万円も必要な協力や、時には数万円で行うことができる協力でも変わらない難しさがある。近年、大学生をはじめとした個人やサッカー愛好者のグループなどが、開発途上国でサッカーコートを作る動きをよく見聞きするようになった。長期的な関わりができない可能性があるなら、サッカーコートなど作らない方がいいという意見がある一方で、何もしないよりは、コートだけでも作った方がいいという意見もあるだろう。地域の実情によって必要なものは異なり、正解は一つではないと思う。しかし、ソフト面かハード面か、インフラ整備が必要か否かという議論が意味をなさないことはこれまで述べてきた通りである。スポーツやサッカーによる貢献や協力を考える際には、インフラ整備の必要性を論ずるよりも、最も適した「寄り添い続ける」援助の形態は何かということを突き詰めて考える必要があるだろう。考えた結果としてのサッカーコートの建設であれば、現場で有効に活用してもらえるであろうし、長期的な関わりの一部として、活動そのものの信頼度を上げることにもつながっていくに違いない。

3. サッカーボールひとつで社会を変える

寄り添い続ける援助

本書の第二章から第五章で取り上げた事例は、一部については先進国のものを含んでいるが、ほとんど全てが開発途上国の現場において自発的に行われたサッカーに関わる活動である。しかし、「国際協力」、「開発」、「援助」という際には、本章で取り上げたような各国政府機関をはじめ、国連関連機関、国際援助機関、ＮＧＯなどによって計画、実行されたプロジェクトを指す場合が多く、インフラ整備の是非も含めて「どのような援助ができるのか」という点に照準が合わされている。筋が通っていないと思われる読者もいるかもしれないが、「草の根」の具体的な社会開発の事例を紹介した後に、インフラ整備という援助の形態に触れることで、草の根で行われている活動を「外部者」が支援するという形の支援も可能なのではないかという期待とメッセージを込めている。

かつて、ある開発関係者から、「『スポーツ』は、援助する側と援助される側の関係性をこえますね」といわれたことがある。確かに筆者が関わった複数の現場において、スポーツ、サッカーに関する話をしていると、どちらが援助する側か援助される側かということはあまり関係なく、常に忘れられているように思う。スポーツ・フォー・オールか競技力向上か、ルールを厳守するか楽しむことに集中するかなど、議論しなければならないことが多く、スポーツ愛好者として、また、ともに同じ目標に向かう「同志」としての意識が高まるからではないかと推測している。

本書に挙げた事例の共通点は、外部からの援助ではなく、問題を抱える当事者の声をもとに始まった活動であることである。従って、政府機関や国連関連機関、ＮＧＯといった明確な活動主体が見えづらく、当然ながら、大規模な援助は入っていない。このような金銭面での支援が行われていない草の根での活動にスポットライトを当て、寄り添い続ける形の援助を行うことは、「スポーツを通じた開発」のみならず他の分野においても開発協力の理想といえるものであろう。今後もますます、多様化していく社会において、個人の幸福を追求していくことが、利害の対立や人間関係の軋轢を生むであろうことは容易に想像がつく。その中で、社会的弱者を含めた「人々の声」を最大限にすくい上げ、人々の内発性を凝集する「ハブ」としてスポーツが果たす役割はますます大きくなるのではないだろうか。

「スポーツを通じた開発」のプラスの可能性ばかりを述べているが、マイナス面にも留意して活動を進めなければならない。スポーツは、当事者が意図している、いないに関わらず、社会的弱者や周縁に位置する人々を排除したり、偏見や差別を増幅させる危険も持ち合わせている。誰もが感じるスポーツの大きな楽しみの一つに「勝利」があるが、強すぎる勝利の希求は、力の誇示や暴力の容認、優越主義の許容などさまざまな副作用ももたらすことがある。

これらのプラス面とマイナス面が、きちんと理解された上でなされる「スポーツを通じた開発」は、近年、重視されている「参加型開発」や「内発的開発」の理想を実現する糸口と成り得るかもしれない。「スポーツを通じた開発」の最終的な目標は、一人一人の人間の幸福追求に置かれるべきであり、参加する人々の内発性をコミュニティの内発性へと昇華させ、ひいては地域や国の発展の活力となる草の根からのエンパワメントを実現する可能性を秘めているのである。

参加できる国際協力分野としてのスポーツ

筆者が国際協力に携わり、他の先進諸国の援助機関と一緒に仕事をする中で、彼らと私たち日本人の持つ「援助観」のようなものの違いを感じることが度々あった。日本人が行う開発援助では、「開発途上国の現場で本当に役に立つ」ということが重視され、援助の規模は二の次になりがちである一方、諸先進国では、「自分たちがどの程度の援助ができるか」ということを重視する傾向にあり、もう少しいえば、援助の規模の大小に関わらず、行われた援助の有効性については、「後々の結果論としてしか分からない」というあっけらかんとしたものを感じるのである。もちろん、どちらが良い、どちらが悪いという類のものではなく、プロジェクトや援助を行う主体によっても異なる。例えば、日本国内で寄付を募ると「きちんと使われるのであればたくさん出したいが、無駄に使われる可能性があるのであれば一銭も出したくない」という意見をよく耳にする。しかし、さまざまな分野、意味合いにおいて「きちんと」することが難しいからこそ援助が必要であるともいえ、このニュアンスは、実際に開発援助に参画してもらわなければ伝わりづらい。できるだけ多くの人が、国際協力に何らかの形で参画することができる環境整備が必要であると口でいうのは簡単である。しかし、実際にはさまざまな理由で、国際協力への参加はハードルが高いものになっていると言わざるを得ない。

では、できるだけ多くの人が気軽に参加できる国際協力の方法としての「スポーツ」、「サッカー」というのはどうだろうか。英語を使って交流や仕事ができる人が増えているとはいえ、未だ外国語でのコミュニケーションに苦手意識を感じる日本人は多い。しかし一方で、スポーツ、サッカーは、非言語的なコミュニケーションの手段ともいえ、例えば、サッカーの指導であれば、言語による対話ができなくても身振り手振りや図を描くことなどでカバーできる部分があるかもしれない。本書の中で触れたように、ASEAN各国のプロリーグでは、現在、多くの日本人選手がプレイしており、いくつかの国をまたいでチームを移籍した選手もいる。ASEANの国々の言語は国ごとに違うため、練習や試合の中で、お互いが片言の英語やその他の言語を使って、プレイを通じて互いを理解する試みが日常的に行われているのではないだろうか。

二〇二〇年に東京にオリンピックがやってくる。SFTが計画されているが、この活動を一人でも多くの「スポーツ好き」を巻き込んだムーブメントにする仕掛けが必要である。開発途上国のどんな貧しい村にも「スポーツ好き」は必ずいるものである。世界中の「スポーツ好き」と心を通い合わせスポーツの価値をともに考えること、さらにはスポーツを活用して開発課題の解決を試みることは、何とも醍醐味のある協働ではないだろうか。より多くの日本人が、SFTへの参画によってスポーツの隠れた価値を再認し、世界の国々を知ることができるのであれば、東京オリンピックを数倍楽しむことにつながるであろう。さらに、一部の開発課題は、世界中の国々で共通しているため、わが国が開発途上国の事例から学ぶことも多いであろう。「スポーツを通じた開発」に注目することは、日本のスポーツ界の成熟のみならず、スポーツで社会を変えるという新たな概念を一般化し、スポーツの社会的な価値を見直すことにもつながるのである。

一人一人が主体的に行動するために

「スポーツを通じた開発」への参画を別の視点から見てみよう。若い人たちが、国際協力、開発援助に関わりたいと考えたとして、真っ先に求められるのは現場経験や何らかの「技術」である。しかし、当然ながら、誰もがはじめは現場経験など持っておらず、特別な「技術」を持たない場合には、求められる実務力を身に付けることは容易ではない。スポーツに関わる援助は、特別に高度な技術がなくても、語学が堪能でなくても行うことができる貢献の一つである。何よりも子どもや青少年の笑顔や充実感を目の当たりにすることができ、たとえ期間が短かったり、初めての活動であったりしても、上手くいけば、「技術の向上」や「心身の健康状態の改善」などの成果を、直接、見ることができるかもしれない。

筆者は、昨今の日本で求められている「コミュニケーション能力」や「国際感覚」は、このような場でこそ涵養されると考えている。コミュニケーション能力とは、言語を話す、聞くというスキルのみでなく、共感力、多様性の尊重、推測力、適応力、応用力といった、かなり曖昧で人によって評価が分かれることもある個人的な技量の総称である。おそらく、近い将来、英語を話せるだけでは国際人、あるいは、コミュニケーション能力が高い人とはみなされなくなるであろう。国際的に、また日本社会においても必要とされているのは、人の課題を自分の課題に置き換えて「主体的に」考え、行動できる人材である。「スポーツを通じた開発」によって諸外国、とくに開発途上国の人々と協働することにより、自然な形で未来を担う人材を育成する——このような「スポーツを通じた開発」の可能性にも期待している。

サッカーボールひとつで世界を変える

世界のサッカー人口は、二億人とも五億人ともいわれており、現在も日々増加している。世界的なサッカー熱の高まりと期を同じくして、わが国は「サッカーを通じた開発」を行えるだけの実績と国際社会からの信頼を得つつある。この流れを活用することにより、サッカーを通じて国際社会、とくに開発途上国に貢献することは、わが国のサッカーの文化的意味づけという観点からも意義が高いと考えられる。開発途上国と呼ばれる国々は、単に「貧しいから」開発途上国なわけではない。国や地域によって異なるが、歴史的、地理的、経済的といったさまざまな複合要因の影響を受けて政権が安定しなかったり、政策立案が困難であったりといった「公」の力が弱い傾向にあることが多い。従って、近年の開発では、「草の根の開発」、「内発的発展」、「人間中心の開発」といった「民」からの発信、あるいは、「公」の発信を「民」が実現していく開発モデルが重視されている。「サッカーを通じた開発」は、広く「民」の力を巻き込むことができる新たな開発分野になり得るのではないだろうか。

人と人をつなぎ、地域と地域をつなぎ、国と国をつなぐためのサッカー。サッカーにしかできない「つなぎ方」があるであろうし、サッカーボールひとつで変えられる世界もあるかもしれない。筆者がこのように考える最大の理由は、“Soccer”、“Football”という際に、世界中の多くの人々が、ほぼ同じ競技を思い浮かべるからである。例えば、自分たちは公式サイズのピッチやゴールを使っていなくても、布を丸めたボールを蹴っていても、多くの人が「本来のサッカーはどのようなものか」と聞かれれば、ＦＩＦＡワールドカップや欧州リーグ、国内のサッカーリーグなどのサッカーをイメージするであろう。インターネットが普及している現代においても、世界中のこれほど多くの人々が、おしなべて「共通のイメージ」を持つことができる「何か」はそれほど多くはない。

このサッカーの世界的な広がりを活かすことでできる開発課題へのアプローチや、社会を変えるための貢献の可能性は、本書の中で見てきた社会開発の事例にとどまらず、想像以上に大きいものかもしれない。

おわりに

サッカーの本場、ブラジルでワールドカップが始まる。ＦＩＦＡワールドカップは、今や世界中の人々にとっての最大の楽しみの一つであり、文化であり、経済活動であり、ナショナリズムを表象するものとして無くてはならないものとなっている。本書で紹介したサッカーは、ワールドカップのサッカーを指向しながらも、勝利の追求とは全く異なる別のゴールを持ったもうひとつの「サッカー」の形である。この「サッカー」に関わる人たちも、ワールドカップに出場する超一流の選手たちと同じようにサッカーを愛し、プレイすることや観戦することを楽しんでいる。そこには、貧困や紛争、ＨＩＶ／エイズや差別といった過酷な現状に悲嘆する人々の姿ではなく、明るい未来を信じて課題に立ち向かう力強い人々の姿がある。

地球市民としての私たちは、世界中で起きている問題と無関係ではいられない。今の子ども達が大人になるそう遠くない未来には、これまで以上に、民族、宗教、国をこえて皆が手を取り合わなければならない時代が訪れるであろう。近年、日本を始めとしたアジアのサッカー選手は、普段は欧州やその他の地域のクラブチームで戦い、国際大会の際には出身国に戻って、国旗を背負うことが珍しくなくなった。日本が代表監督を招聘するだけではなく、アジアを始めとした国々に指導者を派遣する機会も格段に増加した。この間、わずか十数年である。サッカー選手のように、私たち一般市民の生活に訪れるグローバル化の波も同じように速く、大きいものになるのだろうか。

各国の開発課題も変化している。一部の開発途上国では、解決に向かっている課題も少なくないが、国内の貧富の差は激しくなる一方で、日本国内での格差の拡大もますます深刻なものとなっている。個人の幸福を追求していくと、各々の課題は複雑化、細分化し、効果的な開発というのは難しくなるが、この状況において、サッカーにできることを全てのサッカーの愛好者が考え始めれば、世界は変わると思うのは日和見的であろうか。

本書の完成にあたって多くの方々のご協力とご支援をいただきました。第二章に関しては、野武士ジャパンのパリ大会、ミラノ大会の選手と関係者の皆さん、ＮＰＯ法人ビッグイシュー基金の長谷川知広氏とスタッフの皆さん、フリーライターの稗田和博氏、第三章については、ＳＨＴＦＬのPat Sambo氏、SHTFL Committeeと選手の皆さん、元カンボジアシェムリアップ州教育局のOuk Sareth氏、第四章については、ＰＬＦＣの関係者の皆さん、ジンバブエ野球連盟のMandishona Mutasa氏とスタッフの皆さん、柴田真宏氏、ジンバブエ野球会の伊藤益朗氏、正岡康子氏、第五章を構成するにあたって、在福岡マレーシア総領事館の高橋知子氏、Ｊリーグの大矢丈之氏に、労を惜しまない多大なご協力をいただきました。また、大阪大学出版会の土橋由明氏には、企画から完成の段階まで親身になってアドバイスをいただきました。皆さんにこの場を借りて深くお礼を申し上げます。

最後に大切な家族と両親、そしてこの本に関わる調査研究の際に最もお世話になった天国の母、竹下實子氏に心より感謝します。

一人でも多くの人が、平和で安全な環境で心からサッカーを楽しむことができる日が来ることを願って。

二〇一四年四月

年に対する考え方」、『21世紀のアジアにおける生涯スポーツ振興に関するシンポジウム』資料、鹿屋体育大学
社団法人日本プロサッカーリーグ（2008）『Jリーグ百年構想』、社団法人日本プロサッカーリーグ
杉村美紀（2010）「高等教育の国際展開におけるトランジット・ポイント」、『カレッジマネージメント』、第160号、リクルート進学総研、34-37頁
マハティール・モハマド著、加藤暁子訳（2000）『アジアから日本への伝言』、毎日新聞社
マハティール・モハマド、加藤暁子訳（2003）『立ち上がれ日本人』、新潮社
マハティール・モハマド著、橋本光平訳（2004）『日本人よ。成功の原点に戻れ』、PHP 研究所
三井物産戦略研究所（2011）『戦略研レポート～2015年における ASEAN の姿～』
山田満（2000）『多民族国家マレーシアの国民統合』、大学教育出版

第６章

岡田千あき、山口泰雄（2009）「スポーツを通じた開発―国際協力におけるスポーツの定位と諸機関の取組み―」、『神戸大学大学院人間発達環境学研究科紀要』、第３巻第１号、39-47頁
岡田千あき（2010）「スポーツを通じた開発」、笹川スポーツ財団『スポーツ白書―スポーツが目指すべき未来―』、216-217頁
岡田千あき（2011）「国際協力の新しい分野―スポーツを通じた開発―」、中村安秀、河森正人編『グローバル人間学の世界』、大阪大学出版会、214-228頁
齊藤一彦（2000）『開発途上国への国際スポーツ教育協力の現状と課題―青年海外協力隊事業を中心に―』、国際協力事業団国際協力総合研修所

http://www.unaids.org/en/media/unaids/contentassets/documents/unaidspublication/2013/JC2571_AIDS_by_the_numbers_en.pdf
稲岡恵美（2005）『貧困の保健学―貧困とエイズ―』、ジェトロ・アジア経済研究所
勝間靖（2007）「教育と健康―HIV/エイズを中心として―」、『国際開発研究』、第16号第2巻、国際開発学会、35-45頁

第5章

BUAISO（2010）「Jリーグのアジア戦略」、平成12年8月号
FIFA（2004）"FIFA WORLD REPORT on Football Development"
JETRO クアラルンプールセンター（2011）『マレーシア概況』
Lullis, C.（2004）"Defining Sport for Productive Youth Development," in the Forum on Productive Youth Development through Sport in Africa, Jacobs Foundation
UNICEF（2011）"The State of the World's Children 2011"
安倍晋三（2006）『美しい国へ』、文藝春秋
井草邦雄（2008）「マレーシアにおける『知識人材』の動向と労働市場」、福谷正信編『アジア企業の人材開発』、学文社
井上尊寛（2013）「Jリーグにおける東南アジア戦略について―アルビレックス新潟シンガポールに着目して―」、『法政大学体育・スポーツ研究センター紀要』、第31巻、1-6頁
宇高雄志（2009）『マレーシアにおける多民族混住の構図』、明石書店
岡田千あき、山口泰雄、齊藤一彦、伊藤克広、秋吉遼子「東南アジアの開発途上国におけるスポーツを通じた青少年育成―マレーシアの青少年スポーツ活動の検証―」、『SSFスポーツ政策研究』、第1号第1巻、笹川スポーツ財団、187-196頁
月刊事業構想（2012）「Jリーグのアジア戦略、その全貌」、事業構想大学院大学出版部、18-21頁
経済界（2013）『スポーツは地域を救えるか』、株式会社経済界
国際開発ジャーナル社（2013）「アセアンと生きる」、第674巻、国際開発ジャーナル社
サージェット・シン著、山口泰雄訳（1996）「マレーシアスポーツ政策と青少

大学大学院人間科学研究科紀要』、第35巻、1-20頁
岡田千あき、山口泰雄（2012）「開発途上地域におけるスポーツ参加と生活満足―カンボジア王国のサッカーリーグの事例から―」、『生涯スポーツ学研究』、第8巻第2号、31-41頁
オモー・グルーペ著、永島惇正、岡出美則他訳（1997）『文化としてのスポーツ』、ベースボール・マガジン社
小林勉（2001）「開発戦略としてのスポーツの新たな視点―『正当性』をめぐる組織と『現場』の問題―」、『体育学研究』、第45巻、707-718頁
作野誠一（2000）「コミュニティ型スポーツクラブの形成過程に関する研究―社会運動論からみたクラブ組織化の比較分析―」、『体育学研究』、第45巻、360-376頁
三浦キリブット（2009）「死線を越えて―三浦キリブットの半生―」クロマーマガジン編集部 "Cambodia Krorma Travel Guidebook" 11, Apr-Jun 2009, 97-98頁

第4章

Football for an HIV Free Generation（2010）"Using Football for HIV/AIDS Prevention in Africa"
The Kicking AIDS Out Network（2004）"Kicking AIDS Out! -Through Movement Games and Sports Activities-", NORAD
The Kicking AIDS Out Network（2010）"The Kicking AIDS Out Network 2001-2010 -A Historical Overview-"
岡田千あき（2013）「スポーツを用いたHIV/AIDS啓発―ジンバブエの事例から見る特徴―」、『大阪大学大学院人間科学研究科紀要』、第59巻、107-123頁
財団法人日本サッカー協会（2007）『サッカー医学マニュアル』
UNESCAP（2003）"Life Skills Training Guide for Young People-HIV/AIDS and Substance Use Prevention-", Social Development Division of UNESCAP
UNICEF（2003）"UNICEF, UNAIDS Applaud Milestone in Coordinated Global Response to Children Orphaned due to AIDS", Joint Press Release by UNICEF. Retrieved from http://www.unicef.org/media/media_15081.html
UNAIDS（2013）AIDS by Numbers, UNAIDS. Retrieved from

人間科学研究科紀要』、第38巻、59-78頁
多田容子（2011）「多田容子がゆく―スポーツを通じた開発・国際協力―」、『月刊イグザミナ』11月号、株式会社イグザミナ、56-59頁
田中暢子、岩永理恵（2010）「ホームレスへのスポーツ支援を必要とする社会的背景―ホームレス・ワールドカップに着目して―」、『スポーツ精神医学』第7号、スポーツ精神医学会、52-56頁
特定非営利活動法人ビッグイシュー基金（2010）『若者ホームレス白書』
特定非営利活動法人ビッグイシュー基金（2010）『路上脱出ガイド』
特定非営利活動法人ビッグイシュー基金（2012）『若者ホームレス白書2』
特定非営利活動法人ビッグイシュー基金（2013）『社会的困難を抱える若者の支援プログラム集』
長谷川知広（2010）「ホームレスワールドカップ2011パリ大会日本代表―野武士ジャパンプロジェクト応援について―」、ビッグイシュー基金資料
安田菜津紀（2009）「ホームレスがピッチを駆け抜けた日」、『アエラ』2009年11月16日号、朝日新聞社、52-53頁
與那安貴、松永敬子他（2010）「ホームレス・ワールドカップにおけるスポンサーフィットがブランドイメージに及ぼす影響」、第12回日本生涯スポーツ学会発表資料

第3章

Brown, B. A., Frankel, B. G.（1993）“Activity through the Years: Leisure, Leisure Satisfaction, and Life Satisfaction” Sociology of Sport Journal, 10, P.1-17
Coalter, F.（2002）“Sport and Community Development: A Manual” Research Report No.86, Sportscotland
Danida（2007）“The Atlas of Cambodia”
Polladach, T.（2010）“Pro-poor Ethnic Tourism in the Mekong: A Study of Three Approaches in Northern Thailand” Asia Pacific Journal of Tourism Research 14（2）, P.201-221
SHFL（2008-2013）“SHFL Policy”
UNDP（2008-2013）“Human Development Report”
江口信清、藤巻正巳編著（2010）『貧困の超克とツーリズム』、明石書店
岡田千あき（2009）「スポーツを通じたコミュニティエンパワメント」、『大阪

参考文献

第１章

Sport for Development and Peace International Working Group（2005）“Sport for Development and Peace” paper presented at the International Working Group Meeting

United Nations（2005）“Report on the International Year of Sport and Physical Education”, United Nations

United Nations Office on Sport for Development and Peace（2009）“Games of the Olympiad and the Paralympic Games in Beijing －The UN System in Action－”, UNOSDP

United Nations Office on Sport for Development and Peace（2009）“Achieving the Objectives of the United Nations through Sport”, UNOSDP

岡田千あき（2010）「スポーツを通じた開発」、笹川スポーツ財団『スポーツ白書―スポーツが目指すべき未来―』、216-217頁

岡田千あき（2010）「スポーツの力―人間力を育むもう一つの現場―」、国際協力機構『JICA's World』2010年４月号、6-7頁

岡田千あき（2011）「途上国開発においてスポーツが果たす役割―カンボジア王国の事例から考えるスポーツを通じた開発―」神戸大学大学院人間発達環境学研究科博士学位論文

岡田千あき（2011）「国際協力の新しい分野―スポーツを通じた開発―」、中村安秀、河森正人編『グローバル人間学の世界』、大阪大学出版会、214-228頁

外務省（2005）『ミレニアム開発目標―2015年に向けた日本のイニシアティブ―』

第２章

岡田千あき（2011）「生きる喜びを見つけるサッカーの旅」、『体育科教育』11月号、大修館書店

岡田千あき（2012）「なぜ貧しさの中でスポーツをするのか―ホームレスワールドカップ日本代表『野武士ジャパン』の事例から」、『大阪大学大学院

岡田千あき（おかだ　ちあき）
大阪大学大学院人間科学研究科附属未来共創センター・准教授。
1973年三重県生まれ。青年海外協力隊員（ジンバブエ）、大阪外国語大学外国語学部助手、講師、准教授を経て現職。神戸大学大学院人間発達環境学研究科博士後期課程修了。博士（学術）。主たる研究分野は、スポーツを通じた開発、国際社会開発。国際協力論文コンテストにおいて外務大臣奨励賞、昭和池田財団より昭和池田優秀賞、日本運動・スポーツ科学学会より優秀発表賞を受賞。

阪大リーブル49

サッカーボールひとつで社会を変える
スポーツを通じた社会開発の現場から

発行日　2014年6月12日　初版第1刷
　　　　2018年12月21日　初版第2刷

著　者　岡田千あき

発行所　大阪大学出版会
　　　　代表者　三成賢次
　　　　〒565-0871
　　　　大阪府吹田市山田丘2-7　大阪大学ウエストフロント
　　　　電話：06-6877-1614（直通）　FAX：06-6877-1617
　　　　URL　http://www.osaka-up.or.jp

印刷・製本　株式会社 遊文舎

ISBN 978-4-87259-431-7　C1336

- 031 **夫源病** こんなアタシに誰がした　石蔵文信 著　定価 本体1300円+税
- 032 **ああ、誰がシャガールを理解したでしょうか?** CD付　二つの世界間を生き延びたイディッシュ文化の末裔　圀府寺司 編著　定価 本体2000円+税
- 033 懐徳堂 **懐徳堂ゆかりの絵画**　奥平俊六 編著　定価 本体2000円+税
- 034 **試練と成熟** 自己変容の哲学　中岡成文 著　定価 本体1900円+税
- 035 **ひとり親家庭を支援するために** その現実から支援策を学ぶ　神原文子 編著　定価 本体1900円+税
- 036 **知財インテリジェンス** 知識経済社会を生き抜く基本教養　玉井誠一郎 著　定価 本体2000円+税
- 037 **幕末鼓笛隊** 土着化する西洋音楽　奥中康人 著　定価 本体1900円+税
- 038 **ヨーゼフ・ラスカと宝塚交響楽団** (付録CD「ヨーゼフ・ラスカの音楽」)　根岸一美 著　定価 本体2000円+税
- 039 **上田秋成** 絆としての文芸　飯倉洋一 著　定価 本体2000円+税
- 040 **フランス児童文学のファンタジー**　石澤小枝子・高岡厚子・竹田順子 著　定価 本体2200円+税
- 041 **東アジア新世紀** リゾーム型システムの生成　河森正人 著　定価 本体1900円+税
- 042 **芸術と脳** 絵画と文学、時間と空間の脳科学　近藤寿人 編　定価 本体2200円+税
- 043 **グローバル社会のコミュニティ防災** 多文化共生のさきに　吉富志津代 著　定価 本体1700円+税
- 044 **グローバルヒストリーと帝国**　秋田茂・桃木至朗 編　定価 本体2100円+税
- 045 **屏風をひらくとき** どこからでも読める日本絵画史入門　奥平俊六 著　定価 本体2100円+税
- 046 **アメリカ文化のサプリメント** 多面国家のイメージと現実　森岡裕一 著　定価 本体2100円+税
- 047 **ヘラクレスは繰り返し現われる** 夢と不安のギリシア神話　内田次信 著　定価 本体1800円+税
- 048 **アーカイブ・ボランティア** 国内の被災地で、そして海外の難民資料を　大西　愛 編　定価 本体1700円+税
- 049 **サッカーボールひとつで社会を変える** スポーツを通じた社会開発の現場から　岡田千あき 著　定価 本体2000円+税
- 050 **女たちの満洲** 多民族空間を生きて　生田美智子 編　定価 本体2100円+税
- 051 **隕石でわかる宇宙惑星科学**　松田准一 著　定価 本体1600円+税
- 052 **むかしの家に学ぶ** 登録文化財からの発信　畑田耕一 編著　定価 本体1600円+税
- 053 **奇想天外だから史実** 天神伝承を読み解く　髙島幸次 著　定価 本体1800円+税
- 054 **とまどう男たち—生き方編**　伊藤公雄・山中浩司 編著　定価 本体1600円+税
- 055 **とまどう男たち—死に方編**　大村英昭・山中浩司 編著　定価 本体1500円+税
- 056 **グローバルヒストリーと戦争**　秋田茂・桃木至朗 編著　定価 本体2300円+税
- 057 **世阿弥を学び、世阿弥に学ぶ**　大槻文藏監修　天野文雄 編集　定価 本体2300円+税
- 058 **古代語の謎を解く Ⅱ**　蜂矢真郷 著　定価 本体2100円+税
- 059 **地震・火山や生物でわかる地球の科学**　松田准一 著　定価 本体1600円+税
- 060 **こう読めば面白い！フランス流日本文学** —子規から太宰まで—　柏木隆雄 著　定価 本体2100円+税